형의오행권도설

形意五行拳圖說

능계청 저
김태덕 번역

근운정선생전(靳雲亭先生傳)

  선생의 이름은 진기(振起)이고, 호(號)는 운정(雲亭)이며, 직예(直隷: 하북성) 오교(吳橋) 사람이다. 부친인 화당(華堂)선생은 살기권(撒技拳)에 능숙하였는데, 운정(雲亭)선생이 7세 때에 놀이삼아 배워서, 보무(步武)가 성인과 같았다. 후에 병이 나서 중도에 그만두었다가, 12세 때에 북경(北京)에 와서, 조극례(趙克禮)·이란(李蘭) 두 권사(拳師)와 왕래하면서, 형의권(形意拳)을 배우기 시작하였다. 형의권은 5식(式)으로 나누어, 벽(劈)·찬(攢: 鑽)·붕(崩: 掤)·포(砲: 礮)·횡(橫)이며, 강유(剛柔)가 서로 보완하여 조화를 이루고, 5행(五行)이 상생(相生)하는 교묘함이 있다. 당시 상운상(尙雲祥)·손록당(孫祿堂) 두 선생이 권술을 제자에게 가르쳤는데, 운정(雲亭)선생이 그 문하에 들어가서, 형의권 외에 태극권 등을 겸하여 배웠고, 뜻을 한결같이 하여서 정신을 집중하고 고심하여 연구하며 익히기가 10년이었다. 중간에 또한 이존의(李存義)선생의 개인적인 은밀한 전수를 받아서, 배운 기술이 증진하고, 체력이 더욱 강해지고, 명예 또한 떨쳤다. 민국원년(民國元年: 1911년)에 보군통령(步軍統領)인 강조종(江朝宗)이 그를 초빙하여 북경의 군영에서 가르치게 하였는데, 항성(項城)이 그 명성을 듣고 그를 초빙하여 아들을 가르치게 하였다. 항성(項城)이 죽고, 그의 아들 극정(克定)이 보정(保定)의 관직에 발탁되었으나, 선생은 그 사람을 경멸하여 따라가지 않았고, 그리하여 공예학당육덕학교(工藝學堂育德學校)의 교습(敎習)으로 들어갔으며, 겸하여 남원(南苑)의 15사단 무술교수를 역임하여서, 북양(北洋)의 인재들이 이로부터 번성하였다. 선생은 정국(政局)이 바뀌며 군사(軍事)가 실패함을 보고, 나라가 망하려 황폐한 징조를 간파하여, 어느 해 어지러운 곳을 떠나 남쪽으로 와서, 비릉(毘陵)의 성(盛)씨 집안에 손님으로 묵었는데, 귀한 손님으로 대접하며 자제(子弟)들이 가르침을 받게 하였다. 상해(上海)의 많은 무술애호가들이 예물을 바치며 가르침을 청하였으나, 선생은 반드시 사람을 가려서 받아들였고, 경박하거나 품행이 나쁜 사람은 함부로 전수하지 않았다. 벗으로 간주한 사람은, 성옥린(盛玉麐)·여자빈(呂子彬)·오지성(吳砥成)이며, 모두 선생의 가르침을 얻어서, 공손하여 군자의 기풍이 있었다. 유(濡: 필자)가 선생을 알게 된 것은, 오(吳)군의 소개에 의해서 인데, 마침 팔다리에 질병이 있어 절뚝거리며 잘 걷지 못하여서, 선생이 말하기를 형의권이 질병을 낫게 할 수 있다며 배우기를 힘써 권한지라, 아침저녁으로 노력하여 불규칙하게 연습한지가 5년이며, 질병이 비록 아직 다 없어지지는 않았으나, 사지가 현저하게 힘이 생겨나서, 전차가 달릴 때 붙잡고 기어올라 떨어지지 않으니, 또한 선생이 차근차근 타일러 이끌어준 공덕을 알 수 있다. 선생은 용모가 영준하고 건장하며, 진심으로 사람을 대하고 온화하며, 스승을 섬김이 공손하고, 벗을 사귐이 성실하며, 각종 무기(武器)는 낱낱이 능숙하나, 특히 검술(劍術)이 비범하다. 책을 많이 읽지는 않았으나, 몸가짐을 지키고 처세함이 오직 의(義)를 숭상하니, 어느 관리를 거절한 것은 그 한 면이다. 수도국술관(首都國術館)이 창립되어, 록당(祿堂)선생이 그를 불러서 일을 맡기려 하였으나, 선생은 기예(技藝)를 보잘 것 없는 기술로 여기고, 명성이 너무 높음을 꺼려서, 완곡히 사양하였다. 금년 여름에 의용대(義勇隊)가 고가원(顧家園)에서 유예회(游藝會)를 열었는데, 무대에 올라 무예를 보여 주니, 박수소리가 우뢰와 같았다. 선생은 이를 뽐내는 것으로 여겨 부끄러워 하니, 선생이 겸양(謙讓)을 아는 사람임을 이로써 알았다. 그 재주나 용맹을 믿고서 거들먹거리며, 걸핏하면 우쭐하여 남을 깔보는 그런 사람과 비하겠는가. 유(濡)가 부끄럽게도 글재주가 없어, 그 만분의 일도 표명하지 못하고, 간신히 이 전(傳)을 지으니, 한담이나 늘어놓을 뿐이다.

왕문유(王文濡)가 말한다: 『선생의 가르침은 도(道)가 있다. 유(濡)

의 체질이 허약하고 수족이 우둔하였는데, 간곡하게 바로잡아 주며 꺼리지 않고 한결 같아서, 그 어려움을 피하고 편안을 탐하는 마음을 모르는 사이에 변화시켜, 병을 물리치고 장수하니, 오늘날의 가르치는 일을 하는 사람이 모두 이와 같다면, 그 성취는 대단하지 않겠는가? 그 품행과 도의는 뛰어나고, 생각과 언행이 결백하며, 세력에 굴하지 않고, 영리를 꾀하지 않으니, 오늘날의 소위 위인지사(偉人志士)라는 사람들은 오히려 이러하겠는가? 한비자(韓非子)가 말하기를: 「문(文)은 법도(法度)를 어지럽히고, 무(武)는 금제(禁制)를 범한다{文亂法, 武犯禁}」라고 하며, 대저 문(文)이 법도를 어지럽힘은 오늘날 이미 여러번 보았으나, 무(武)가 금제를 범하는 것은, 나는 선생에 대해서는 책에서 말하는 것을 그대로 다 믿을 수 없다.」

전서(錢序)

　이전에 부친이 연성(燕省: 하북성의 북부와 요녕성의 남부)에서 오랫동안 관직에 있었는데, 북방(北方)의 기풍은 굳세고 강하여서, 원래 무사(武士)들이 많았다. 나는 어릴 때 시중들며 관아에서 글공부하는 여가에 무공(武功)을 좋아하여서, 담퇴(譚腿)와 소림(少林)의 과(戈) 모(矛) 검(劍) 극(戟)을 능숙하게 익혔다. 그 후에 직예(直隸) 심현(深縣)의 곽운심(郭雲深) 선생을 만났는데, 나에게 말하기를, 보잘 것 없는 기예(技藝)에 공(功)을 들이기보다는 진수(眞髓)를 전수받아 진력하는 것이 어떻겠는가? 결국 관아로 초청하여, 예물을 바쳐 상견례를 올리고 따르며 배우기를 10여년이었는데, 내가 동(動) 중에 정(靜)을 추구하여 상승절기(上乘絶技)를 성취토록 하였고, 문득 양생(養生)을 깨달았다. 충분한 기(氣)를 얻는 것은 바로 대단한 보물을 얻는 것이라는 말이 참으로 헛말이 아니다. 오늘날 이미 중년이 지났으나, 정신상으로는 유쾌함을 지극하게 느낀다. 남(南)으로 돌아 와서 상해(上海)에 거주한 후, 일찍이 오교(吳橋) 근운정(靳雲亭) 군과 우연히 만나서 권법(拳法)을 이야기하였는데, 또한 나와 같은 파(派)인지라, 근원을 상세히 캐어보니, 산동(山東) 낙능(樂陵) 상운상(尙雲祥) 선생의 제자임을 알고서, 교제하여 왕래하며 의기투합하여 대단히 즐거웠다. 지금 운정(雲亭)을 상해의 여러 고관들과 모 대학이 초빙하여, 형의권 등을 자제들에게 전수하는데, 그 좋은 효과를 얻은 사람들이 이구동성으로 칭송하며, 방문하여 배우기를 청하는 사람 또한 나날이 더욱 많다. 운정(雲亭)이 곧 사진을 찍는 방법을 사용하여 형의권의 여러 형상을 찍어내어, 오흥(吳興) 능계청(凌桂青) 군에게 편집을 부탁하여 책을 내어 세상에 바치니, 후에 배우는 사람들로 하여금 이 진수(眞髓)를 전수받게 하여, 연구하며 연습하면 누구나 장수를 바랄 수 있다. 이에 서문을 지었다.

근서(靳序)

　맹자(孟子)가 말하기를, '뜻을 지켜서 기(氣)를 손상하지 않는다{持其志, 無暴其氣}' 하니, 심(心)과 기(氣)는 서로 관계가 밀접하여 분리될 수 없는 것이다. 심(心)은 기(氣)의 장수(將帥)이고, 기(氣)는 심(心)의 졸병(卒兵)이다. 만약 단지 장수만 있고 졸병이 없으면, 전쟁에 임하여 누구를 참여시켜 쓰겠는가. 우리들이 어떤 일을 하는지를 막론하고, 마음은 있지만 기(氣)가 모자라면 필히 성공할 도리가 없다. 그러므로 맹자(孟子)가 또한 말하기를, '나는 호연지기를 잘 양성한다{我善養吾浩然之氣}'.

　나는 어릴 때 몸이 약하고 병치레가 잦아서 괴로움을 참지 못했는데, 어떤 사람이 나에게 일러주기를, 형의권이란 것이 오로지 기(氣)를 양성함을 위주로 하고, 기(氣)가 충족하면 몸이 튼튼하며 병이 저절로 없어진다. 곧 이 기예(技藝)에 정통한 사람을 두루 방문하여, 낙능(樂陵)의 상운상(尙雲祥) 노사와 완평(宛平)의 손록당(孫祿堂) 노사를 알았고, 따르며 문하를 내왕하기를 연이어 10수년이었는데, 비단 병이 나았을 뿐만 아니라 몸이 대단히 강해지고, 이로움이 매우 많았다.

　형의권은 간단하여 번잡하지 않고, 우아하여 속되지 않으며, 평이하여 이해하기 쉽고, 힘들여 애써도 몸을 상하지 않는다. 방법에 따라서 매일 반드시 잠시 연습하면, 곧 근육이 움츠린 것을 펴주고, 느슨한 것을 조정하며, 흩어진 것을 모으고, 연약한 것을 단단하게 하며, 혈맥이 유통되고, 정신이 견고하며, 늙은이나 어린이를 막론하고 배우기에 결코 지장이 없다.

　기미(己未)년 가을에 성사(盛四) 선생의 부름을 기꺼이 받들어 상해에 와서, 또한 여러 동지들이 마다하지 않고 조석(朝夕)으로 모여서 연구하여 몸을 튼튼히 하는 양생(養生)의 도(道)를 받든 지가 이미 거의 10

년이 되었다. 금년 봄에 오지성(吳砥成) 군과 심준성(沈駿聲) 군이 거듭 권하며 독촉하기를, 이 법(法)을 세상에 널리 퍼뜨려서 후배들에게 선사하자고 하였다. 그리하여 대동서국(大東書局)의 편집주임인 능계청(凌桂靑) 군에게 그 뜻을 알리고 이 일을 부탁하여서, 그림을 그리고 이론을 세워 출판하여 세상에 널리 전하여 쓰도록 하니, 특별히 무례를 무릅쓰고 몇 마디 말을 덧붙여 적으며, 세상의 학덕 있는 군자들의 질정(叱正)을 바란다.

오교(吳橋) 운정(雲亭) 근진기(靳振起)가 적다

능서(凌序)

　이 책은 오교(吳橋) 근운정(靳雲亭) 선생에게 바치려고 편집한 것이다. 선생은 유명한 상운상(尙雲祥) 손록당(孫祿堂) 두 분 스승의 입실제자(入室弟子)로서, 형의권 태극권 등의 권술을 깊이 연구하기를 거의 20년이며, 조예가 대단히 깊다. 민국(民國) 초년에 무과(武科)의 진사(進士)인 성씨(盛氏)가 초빙하여 상해(上海)로 와서, 그 자제들을 가르쳤는데, 선생은 차근차근 잘 가르쳐 이끌어 10여년이 하루같이 흘렀다. 성씨(盛氏)의 친척과 친구 중에 고질병이 있어 선생을 따르며 배운 사람이, 만약 굳게 믿어 나태하지 않고 연습하기를 중단하지 않으면, 갑작스레 몸이 좋아지지 않은 사람이 없었는데, 오지성(吳砥成) 군도 그 중의 한 사람이다.{오지성 군은 성씨(盛氏)의 서기(書記)인데, 젊었을 때 몸이 허약하고 병이 잦아 여위었으나, 선생을 따르며 형의권을 몇 년 배우더니, 신체가 건장해지고 기력이 왕성하여, 곧 50살이나 마치 20대 청년 같다} 대동서국의 지배인인 심준성(沈駿聲) 군은 이전부터 위장병이 있었는데, 아주 심하지는 않았으나, 때로는 도졌다가 때로는 멈추었다 하여서, 매우 고통스럽게 여겼다. 선생의 명성을 듣고 경모하여, 오지성(吳砥成) 군이 소개하여서, 선생을 따르며 형의권을 연습하여 3개월이 못 되어 질병이 홀연히 나았다. 믿어 의지하는 나머지 선생에게 부탁하여 책을 지어 출판하여 세상 사람들께 도움이 되자고 하였으나, 선생의 가르치는 일이 번잡하여 여가가 없었는데, 금년 봄에 심(沈) 군이 다시 선생을 서국(書局)으로 초빙하여 와서 매일 1시간가량씩 전수하여서, 나에게 힘써 권한지라 참가하여 한 달이 지나니, 내가 형의권의 취지에 대하여 마음에 깨달은 바가 상당히 많았고, 수법(手法)과 보세(步勢) 또한 동작이 자유자재하여, 선생이 기뻐하며 나에게 말하기를: "내가 당신이 빨리 익히도록 하는 이유를 당신은 아는가? 이 권술을 편집하여 책으로 만드는 책임을 당신에게 맡기려는 것이다." 내가 말씀드리기를: "삼가 분부를 받들겠습니다." 그리하여 물러나 이 책을 기초(起草)하여 그림을 그리고 설명을 덧붙이며 고심하여 계획하고 고안하여서, 또한 한 달이 지나 탈고하였고, 마침내 선생과 오(吳) 군 심(沈) 군에게 보여서 비평과 정정을 청하여, 비로소 감히 출판하여 세상에 널리 전하니, 그 편집의 동기는 이와 같다.

편집대의(編輯大意)

　이 책은 오교(吳橋) 근운정(靳雲亭) 선생이 의견을 내어 지도하여 편찬한 것이며, 형의권의 수법(手法)과 보세(步勢: 보법)에 대하여 일거일동 모두 속속들이 전수하므로, 배우는 사람은 단지 그림과 설명을 주의하여 자세히 음미하면 곧 이해할 수 있어서, 스승이 없어도 스스로 통달한다. 혹은 이미 스승을 따르며 연습한 사람이 이 책을 보면 당연히 더욱이 마음에 얻는 바가 있을 것이다.

　만약 스승의 지도가 없이 권술을 배워 연습하려면, 비록 그림에 따라서 연습할 수는 있겠으나, 자세나 동작이 항상 정확할 수는 없다. 그러므로 이 책은 권보(拳譜)의 여러 권식의 그림과 설명 후에 모두「자세의 교정」과「가결(歌訣)」을 첨가하여서, 배우는 사람이 깊이 음미하여 연구하며 암송하면 깨닫는 바가 있도록 하였다. 그림 중의 중요한 자세는 모두 근운정(靳雲亭) 선생이 여러 자세를 취해 설명하며, 직접 사진을 찍어 끼워 넣음으로서 모범을 보인다.

　이 책은 상하(上下) 양 편으로 나누며, 상편은 총론으로서 형의권의 원류(源流)와 의의(意義) 그리고 작용을 서술하고, 하편은 권보(拳譜)와 가결(歌訣)이다.

　이 권술은 일명 형의오행권(形意五行拳)이며, 무당파(武當派 : 內家拳術) 입문의 첫걸음이고, 그 공용(功用)은 소림파(少林派 : 外家拳術)의 담퇴(潭腿)와 대체로 비슷하다. 오행권(五行拳)으로부터 변화하여 별도로 발전한 것은, 또한 오행연환권(五行連環拳) 12형권대권(十二形拳對拳) 오행생극권(五行生剋拳) 등이며, 모두 명칭을 형의(形意)라고 부른다. 이 책은 근원(根源)을 탐색하려는 견지에서 다만 오행권(五行拳) 한 종류만을 편집하였다.

이 책의 권보(拳譜)는 독자가 분명하게 이해토록 하기 위한 견지에서, 아낌없이 일거일동 모두를 그림으로 그렸다. 그러나 실제상으로는 연습 시에 반드시 연속하며 관통하여 전후가 호응해야 하고, 그림 중의 장면 하나하나 도처에서 정체(停滯)해서는 안 되니, 배우는 사람은 반드시 이를 체험하여 터득해야 한다.

이 책의 편찬이 비록 고심하여 정확함을 추구하여서 몇 사람의 교정을 거친 후 출판하였으나, 오류(誤謬)가 있는 곳을 혹시 면할 수 없으니, 또한 세상의 고명한 분들께 부탁하여 이를 지적하여 바로잡으면 다행이겠다.

목 차

근운정선생전(靳雲亭先生傳) ··· 3
전서(錢序) ·· 6
근서(靳序) ·· 7
능서(凌序) ·· 9
편집대의(編輯大意) ··· 11

형의오행권도설(形意五行拳圖說) 상편(上編) ··· 15

총 론(總 論) ··· 15
형의권의 원류(源流) ··· 15
형의권3체(形意拳三體) ·· 16
형의권4법(形意拳四法) ·· 17
  신법(身法) ·· 17
  수법(手法) ·· 17
  각법(脚法) ·· 18
  보법(步法) ·· 18

형의권5강(形意拳五綱) ·· 19
형의권6합(形意拳六合) ·· 20
형의권7질(形意拳七疾) ·· 21
형의권7순(形意拳七順) ·· 24
형의권8세(形意拳八勢) ·· 25
형의권8요(形意拳八要) ·· 27

형의권9가(形意拳九歌) ································· 30
악무목형의권요론(岳武穆形意拳要論) ············· 32

형의오행권도설(形意五行拳圖說) 하편(下編) ··· 48

권보(拳譜) ····································· 48
연습상의 주의사항 ························· 48

제1로(第一路) 벽권(劈拳) ················· 50
제2로(第二路) 찬권(鑽拳) ················· 78
제3로(第三路) 붕권(崩拳) ················· 93
제4로(第四路) 포권(礮拳) ················· 111
제5로(第五路) 횡권(橫拳) ················· 127

형의권총결(形意拳總訣) ······················ 142
역자 후기 ···································· 145

형의오행권도설(形意五行拳圖說) 상편(上編)

총 론(總 論)

형의권의 원류(源流)

청초(淸初)의 희제가(姬際可)가 조계무(曹繼武)에게 전수하고, 조계무(曹繼武)는 희수(姬壽)에게 전수하였다. 같은 시기의 낙양(洛陽)에 마학례(馬學禮)란 사람이 있었는데, 조계무(曹繼武)에게 직접 가르침을 받지는 않았으나 또한 그 전수를 받아서, 황하(黃河) 남북에 명성이 있었다. 함풍(咸豊 : 1851~1861) 시기에 기현(祁縣)의 대용방(戴龍邦)과 그의 아우 능방(陵邦)이 마학례(馬學禮)에게 배워서, 조예가 모두 깊었고, 명성이 산서(山西) 일대에 떨쳤다. 동치(同治 : 1862~1874) 말에 심주(深州)의 이능(李能)이 대(戴)씨 형제의 명성을 듣고, 일부러 산서(山西)에 와서 대(戴)씨를 방문하였는데, 그 권술을 좋아하여 배운지 9년 만에 기(技)를 성취하였다. 곧 하북(河北)으로 돌아와서, 제자들을 가르쳤는데, 그를 따르며 교유(交遊)하는 사람이 대단히 많았고, 지예(直隸 : 河北)에 형의권이 있음은 이로부터 비롯되었다. 이능(李能)이 죽고, 그의 제자 유기란(劉奇蘭) 곽운심(郭雲深) 차영홍(車永鴻) 송세영(宋世榮) 백서원(白西園) 등은 모두 그 권학(拳學)을 계승할 수 있었다. 유기란(劉奇蘭)은 다시 그의 아들 금당(錦堂) 전침(殿琛) 영당(榮堂)과 그의 제자 이존의(李存義) 주명태(周明泰) 장점괴(張占魁) 조진표(趙振標) 경계선(耿繼善)에게 전수하였다. 곽운심(郭雲深)은 유영기(劉永奇) 이괴원(李魁元)에게 전수하였고, 이존의(李存義)는 다시 상운상(尙雲祥)

이문표(李文豹) 이운산(李雲山) 학은광(郝恩光)과 그의 아들 빈당(彬堂)에게 전수하였으며, 장점괴(張占魁)는 한모협(韓慕俠) 왕준신(王俊臣) 유금경(劉錦卿) 유조해(劉潮海) 이존부(李存副)와 그의 아들 원재(遠齋)에게 전수하였고, 이괴원(李魁元)은 손록당(孫祿堂)에게 전수하였으며, 이운산(李雲山)은 다시 그의 아들 검추(劍秋)에게 전수하였고, 상운상(尙雲祥)은 오교(吳橋) 근운정(靳雲亭 : 바로 이 책을 편찬한 주동자이다)에게 전수하였다. 민국원년(民國元年 : 1911)에 근운정(靳雲亭) 이검추(李劍秋) 등이 연이어 남쪽으로 내려와서, 문장으로 이론을 내세우며 이 권술을 제창하여, 양자강 남북에 바람이 일고 구름이 일 듯이 일시에 크게 유행하였다. 민국 17년(1928)에 국민혁명군의 북벌(北伐)이 성사되자, 금릉(金陵 : 南京)에 수도를 정하고, 법령(法令)으로 무관(武館)을 설치하여 국술(國術)을 장려하였다. 더욱이 이 권술은 그 역사가 유구하고, 방법이 간단하나 뜻은 깊어서, 제창하는 데에 특히 전력을 기울였다. 그러한 즉 이 권술을 이후에 장차 누구나 다 알게 되어서, 국가와 국민을 강하게 만드는 기초가 되겠는가? 마음속으로 기도하며 학수고대 한다.

형의권3체(形意拳三體)

3체(三體)라는 것은 천지인(天地人) 3재(三才)를 닮은 것이고, 권술 중에서는 머리와 손과 발이다. 3체(三體)는 다시 각기 나뉘어 3절(三節)이 되며, 내외(內外)가 서로 합한다. '머리(頭)'가 근절(根節)이 되고, 밖에서는 머리가 되고, 안에서는 니환(泥丸)이 되는 것이다. 척배(脊背 : 등)가 중절(中節)이 되고, 밖에서는 척배(脊背)가 되고, 안에서는 심(心)이 되는 것이다. '허리(腰)'가 초절(梢節 : 梢는 말단 즉 끝부분을 가리킨다)이 되고, 밖에서는 허리가 되고, 안에서는 단전(丹田)이 되는 것이다. 또한 만약 어깨가 근절(根節)이 되면, 팔꿈치는 중절(中節)이 되고, 손은 초절(梢節)이 된다. 과(胯 : 허리와 다리 사이의 연결부위)가 근절(根節)이 되면, 무릎은 중절(中節)이 되고, 발은 초절(梢節)이 된다. 이 3절(三節)의 중에, 또한 각기 3절(三節)이 있다.[1]

형의권4법(形意拳四法)

형의권의 4법은 신법(身法) · 수법(手法) · 각법(脚法) · 보법(步法)이다.

신법(身法)

앞으로 넘어지거나 뒤로 나자빠져서는 안 되고, 좌(左)나 우(右)로 비스듬히 기울어서는 안 되며, 앞으로 곧바로 나아가고, 뒤로 곧바로 물러난다.

수법(手法)

그 경(勁)[2]은 손목에 있고, 그 역(力)은 손가락에 있으며, 돌아 움직임

---

1) 역자註 : 이 문단의 앞에 세 단락의 문장이 있으나, 권술수련과 직접적인 관련이 없는 태극음양(太極陰陽) 등의 상투적인 내용인지라 생략하였다. 태극권(太極拳)과 형의권(形意拳)의 권술이론은 꼭 같다고 하여도 과언이 아니며, 권술을 소위 내가권(內家拳)과 외가권(外家拳)으로 분류하나, 권술이론의 본질은 다를 바가 없다. 권술은 이론이 아니라 몸으로 체득하는 것이며, 권술이론은 포장에 불과할 뿐이고, 이론에 얽매이면 오히려 본말이 전도될 것이다. 다만 기본적인 자세 등의 이론은 철저히 적용하여 익혀야 한다.

2) 역자註 : 경(勁)과 역(力)은 힘을 가리키며, 원래는 혼용하여도 무방하고, 실제로 혼용하여 사용하는 용어이다. 무술에서 가리키는 경(勁)은, 먼저

이 원활히 민첩하고, '벌리고 합함(開合)'이 자유자재하다.

각법(脚法)

발을 일으켜 올려 '힘차게 뚫어 나가고(躓步)', 발을 내리며 '뒤집고 (翻)', 뚫고 나가지 않고 뒤집지 않으면 '한치(一寸)'라도 앞선다.

보법(步法)

또한 촌보(寸步)·질보(疾步)·찬보(躓步)의 3법이 있다. 촌보(寸步)라는 것은 몸을 펴면서 촌력(寸力 : 寸勁)3)을 사용하여 재촉해 다그치며 나아가고, 뒤쪽 발이 박차며 앞쪽 발이 저절로 나아간다(보를 바꿀 필요가 없다). 질보(疾步)라는 것은 마형보(馬形步)이며, 그 요점은 전적으로 뒤쪽 발이 힘을 들이는 데에 있고, 소위 '소식(消息 : 비결 혹은 방법)은 뒤쪽 발이 박차는 데에 전부 근거한다{消息全憑後足蹬}'라는 것이다. 찬보(躓步)라는 것은 한쪽 발을 곧바르게 놓으며 앞으로 나아가고, 뒤쪽 발이 이를 따른다. 보법(步法)은 촌질(寸疾) 두 보(步) 이외에는 찬보(躓步)가 가장 일반적이고, 세 가지 보(步) 중에서 특히 가장 중요한 것이다.

동작에 의식(意識)을 집중하고, 반복훈련을 통하여 익힌 무술적인 기술(技術)을 융합하여 운용하는 힘이다.

3) 역자註 : 촌(寸)은 극히 짧다는 뜻이며, 힘을 발출하는 거리가 짧고 촉박함을 비유하는 말이다. 촌경(寸勁)은 공격목표에 아주 근접한 거리이거나 혹은 동작이 끝나려는 순간에 돌연히 가속하면서 근육을 수축하며 발출하는 짧고 촉박하며 강하고 깔끔한 폭발적인 힘이다. 또한 촌(寸)은 방언으로서, 사용하는 경(勁)이 매우 재빠르고 깔끔하다는 뜻도 있다.

형의권5강(形意拳五綱)

벽권(劈拳)이란 것은, 5행(五行)에서 금(金)에 속하고, 폐(肺)를 양성한다. 그 경(勁)이 순조로우면, 폐기(肺氣)가 조화된다. 무릇 사람은 기(氣)를 위주로 하므로, 기(氣)가 조화되면 몸이 저절로 튼튼하다.

찬권(攢拳)이란 것은, 5행(五行)에서 수(水)에 속하고, 신(腎)을 보양할 수 있다. 그 기(氣)의 운행은 물이 굽이굽이 흐르는 것과 같아서, 미세한 것까지 두루 이르지 않음이 없다. 그 기(氣)가 조화되면 신(腎)이 충족하며, 청기(淸氣)가 상승하고, 탁기(濁氣)는 하강한다.

붕권(弸拳)이란 것은, 5행(五行)에서 목(木)에 속하고, 간(肝)을 편안하게 하며, 이것은 '한 기(一氣 : 혹은 元氣)'의 내뻗고 움츠림이다. 그 권(拳)이 순조로우면 간(肝)이 평안하고, 정신(精神 : 기운·활력·원기)을 증진하며, 근골(筋骨)을 강화하고, 뇌력(腦力 : 지력·기억력)을 늘린다.

포권(礮拳)이란 것은, 5행(五行)에서 화(火)에 속하고, 심(心)을 양성하며, 이것은 한 기(氣)의 열고 닫음이며, 대포가 폭발하는 것과 같다. 그 기(氣)가 조화되면 심중(心中)이 허령(虛靈)하고, 신체가 편안하여 쾌적하다.

횡권(橫拳)이란 것은, 5행(五行)에서 토(土)에 속하고, 비(脾)와 위(胃)를 양성하며, 이것은 한 기(氣)의 뭉쳐 모이는 것이다. 그 형(形)이 원만하고, 그 성(性)이 충실하며, 그 기(氣)가 순조로우면, 5행(五行)이 조화되고 만물이 생겨난다.

벽권(劈拳)의 형(形)은 '도끼(斧)'를 닮아서 금(金)에 속한다. 찬권(攢拳)의 형(形)은 '번개(電)'를 닮아서 수(水)에 속한다. 붕권(崩拳)의 형(形)은 '화살(箭)'을 닮아서 목(木)에 속한다. 포권(砲拳: 礮拳)의 형(形)은 '대포(砲)'를 닮아서 화(火)에 속한다. 횡권(橫拳)의 형(形)은 '포탄(彈)'을 닮아서 토(土)에 속한다. 상생(相生)의 이론에 의하여, 벽권(劈拳)은 찬권(攢拳)을 생성하고, 찬권(攢拳)은 붕권(崩拳)을 생성하며, 붕권(崩拳)은 포권(砲拳)을 생성하고, 포권(砲拳)은 횡권(橫拳)을 생성하며, 횡권(橫拳)은 벽권(劈拳)을 생성한다. 상극(相克)의 이론에 의하여, 벽권(劈拳)은 붕권(崩拳)을 억제하고, 붕권(崩拳)은 횡권(橫拳)을 억제하며, 횡권(橫拳)은 찬권(攢拳)을 억제하고, 찬권(攢拳)은 포권(砲拳)을 억제하며, 포권(砲拳)은 벽권(劈拳)을 억제한다.

형의권6합(形意拳六合)

형의권의 가장 중요한 요점은 합(合) 한 글자에 있다. 동작이 합(合: 어울려 부합되다)하면 자세가 바르며 도움을 받고, 동작이 합(合)해지지 않으면 자세가 비뚤어지며 기력(氣力)이 헛되이 애쓰니, 반드시 이를 알아야 한다. 소위 합(合)한다는 것은 6가지가 있다. 몸이 기울거나 치우치지 않고(비뚤어져서는 안 된다고 말한다), '마음이 평안하고 기세가 온화하며(心平氣和)', 의(意)가 달리 동요하지 않고, 동작이 자연스러우면, 이를 일컬어 심(心)과 의(意)가 합하고, 의(意)와 기(氣)가 합하며, 기(氣)와 역(力)이 합한다고 하며, 이것이 내3합(內三合)이다. 동작할 때 양 손이 경(勁)을 '다잡아 억류하며(抑)', 양 발의 발꿈치는 밖으로 경(勁)을 '비틀어 돌리고(扭)', 이것을 손과 발이 합한다고 말한다. 양 팔꿈치가 아래로 경(勁)을 내려뜨리며, 양 무릎은 안으로 경(勁)을 '다잡아 억류하고(抑)', 이것을 팔꿈치와 무릎이 합한다고 말한다. 양 어깨는 느슨히 펴며 경(勁)을 '뽑아내고(抽)', 양 과(胯)의 안쪽 뿌리는 경(勁)을 '부추켜 내며(抽)', 이것을 어깨와 과(胯)가 합한다고 말한다. 이것이 외3합(外三合)이며, 총칭하여 6합(六合)이라 부른다. 배우는 사람이 6합(六合)의 법을 잘 알면, 연습할 때 저절로 하나로부터 추리하여 다른 것까지 알 수 있어, 일거일동 모두 법(法)에 합(合)한다. 내3합(內三合) 이외에 또한 반드시 심(心)과 안(眼)이 합하고, 간(肝)과 근(筋)이 합하며, 비(脾)와 육(肉)이 합하고, 폐(肺)와 신(身)이 합하며, 신(腎)과 골(骨)이 합한다. 외3합(外三合) 이외에 또한 반드시 두(頭)와 수(手)가 합하고, 수(手)와 신(身)이 합하며, 신(身)과 보(步)가 합한다. 이를 보면 알 수 있는데, 형의권의 동작들 사이에는, 내외(內外)를 막론하고 모두 음양(陰陽)의 구분이 있고, 곧 모두 서로 연결되어 합하는 이치가 들어있으니, 배우는 사람은 응당 이를 체험하여 터득해야 한다.

형의권7질(形意拳七疾)

7질(七疾)이란 것은, 안(眼)이 '재빨라야(疾)' 하며, 수(手)가 재빨라야 하고, 각(脚)이 재빨라야 하며, 의(意)가 재빨라야 하고, 출세(出勢 : 자세를 취함)가 재빨라야 하며, 진퇴(進退)가 재빨라야 하고, 신법(身法)이 재빨라야 하는 것이다. 권술을 연습하는 사람은 이 7질(七疾)을 갖추어야 비로소 완전히 이길 수 있다. 소위 거침없이 종횡으로 오가니 눈이 그 순간을 따라잡지 못하며, 용이나 범처럼 생기 있고 활발하여, 사람으로 하여금 짐작할 수 없게 하는 것은, 오로지 이에 의지한다.

1. 안(眼)이 '재빨라야(疾)' 한다. 안(眼)은 심(心)의 '모종(苗 : 혹은 실마리)'이며, 눈은 적의 정황을 자세히 살펴서 마음에 전달하고, 그러한 후에 적에 대응하여 변화할 수 있어, 승리하여 공을 이룬다. 권보(拳譜)

에 이르기를 :「심(心)이 총사령관이고, 안(眼)은 선봉대이다」라고 하니, 말하자면 심(心)이 주재(主宰)하는 것은 모두 안(眼)이 느리고 빠름에 의지하여 전이(轉移)한다.

2. 수(手)가 재빨라야 한다. 수(手)는 사람의 '날개(羽翼)'이며, 무릇 막아 지키고 나아가 공격함은 모두 이에 의지한다. 그러나 맞붙어 싸우는 도리는 전부 느리고 빠름에 의지하며, 느린 사람이 지고 빠른 사람이 이기는 이치는 당연하다. 그러므로 속담에 이르기를 :「눈이 밝고 손이 빠르면, 승리만 있고 패배는 없다」. 권보(拳譜)에 이르기를 :「손이 올라감은 화살과 같고 내려감은 바람과 같아, 바람을 뒤쫓고 달을 따라잡으며 늦추어 풀어주지 않는다」라는 말도 역시 수법(手法)이 민첩함을 말한다. 방비가 없는 틈을 타서 공격하고, 미처 생각지 못한 수를 내어 쟁취하며, 적의 몸집이 크고 힘이 세어도 두려워하지 않고, 내가 능히 바람처럼 수(手)를 내면, 곧 이길 수 있다.

3. 각(脚)이 재빨라야 한다. 각(脚)은 신체의 '토대(基)'이며, 각(脚)이 안정되게 서면 몸이 안정되고, 각(脚)이 앞으로 나아가면 몸이 따라간다. 형의권 중에 온몸이 힘을 운용함이 균등하여서, 편중된 곳이 한 곳도 없고, 각(脚)이 나아가면 신(身)이 나아가며, 적의 위치를 곧바로 빼앗으면 적은 저절로 쓰러진다. 권보(拳譜)에 이르기를 :「각(脚)이 타격하여 짓밟는 뜻은 사정을 봐줘서는 안 되고, 소식(消息)은 뒤쪽 발이 박차는 데에 전부 근거하며, 각(脚)이 중문(中門 : 중간노선)을 밟으며 자리를 빼앗아 차지하니, 설사 신묘한 경지에 도달한 사람이라도 막아내기 어렵다」. 또한 말하기를 :「각(脚)이 타격함이 7할이고, 수(手)가 타격함이 3할이다」라고 하니, 이로써 볼진대, 각(脚)의 재빠름은 수(手)의 재빠름보다 더욱 재빨라야 한다.

4. 의(意)가 재빨라야 한다. 의(意)는 체(體)의 '최고 지휘관(帥)'이다. 이미 말한바 안(眼)은 감시하여 살피는 정(精)이 있고, 수(手)는 밀어제쳐 돌리는 능(能)이 있고, 각(脚)은 마음먹은 대로 가는 공(功)이 있는데, 그러나 그 느리고 빠르며 긴박하고 늦춤은 모두 오로지 의(意)에 따르니, 소위 '의(意)를 세움'(결심)이 빠르면 안(眼)과 수각(手脚)이 모두 그 요령을 얻는다. 그러므로 안(眼)이 지극히 미세한 것까지 빈틈없이 살핌은, 의(意)가 시키는 것이고, 수(手)가 나가서 허탕치지 않는 것은, 의(意)가 시키는 것이며, 각(脚)이 재빠른 것도 역시 의(意)가 시켜서 재빠른 것이다. 이를 보면 곧 의(意)가 재빠르지 않을 수 없음을 알겠다.

5. 출세(出勢)가 재빨라야 한다. 무릇 안에 간직한 것이 의(意)이고, 밖에 드러낸 것이 세(勢)이며, 의(意)가 재빠른 이상은 출세(出勢)는 더욱 재빠르지 않을 수 없다. 일이 눈앞에 발생하면, 반드시 세(勢)는 의(意)에 따라서 생겨나며 임기응변하여서, 적으로 하여금 너무 돌발적이어서 미처 손 쓸 사이가 없게 하고, 당황해서 어찌할 바를 몰라 대처할 방법이 없게 하여야 비로소 이길 수 있다. 만약 의(意)가 변화함이 아주 빠르나, 세(勢)의 재빠름이 이를 따르기 부족하면, 곧 대응이 어긋나서 패배가 틀림없다. 그러므로 의(意)와 세(勢)가 서로 합치해야 성공할 수 있고, 의(意)는 재빠르나 세(勢)가 느리면 반드시 패배함은 의심할 바 없다. 기예를 익히는 사람은 어찌 특별히 주의하지 않겠는가.

6. 진퇴(進退)가 재빨라야 한다. 여기서 논하는 것은 바로 거침없이 종횡으로 가고오며 진퇴(進退)가 바뀌는 방법이다. 응당 나아가야 하면 곧 있는 힘을 다해 곧장 앞으로 나아가고, 응당 물러나야 하면 곧 물러나며, 그 기(氣)를 이끌어 되돌린다. 진퇴(進退)가 적합하려면 반드시 적의 강약을 자세히 살펴야 하며, 강하면 피하고 마땅히 지혜로써 승리를

거두며, 약하면 공격하여 힘을 다하여 대적해도 괜찮다. 관건은 빠르게 나아가고 빠르게 물러나는 데에 있고, 적이 그 빈틈을 타게 하지 않으니, 소위「여하튼 때를 가리지 않고, 자유자재로 세(勢)에 따른다」라는 것이다.

7. 신법(身法)이 재빨라야 한다. 형의무술(形意武術) 중의 5행(五行) 6합(六合) 7질(七疾) 8요(八要) 등의 법(法)은 모두 신법(身法)으로써 근본을 삼는다. 권보(拳譜)에 이르기를 :「신(身)은 노궁(弩弓 : 쇠뇌 석궁)과 같고, 권(拳)은 화살과 같다」 또한 이르기를 :「법(法)을 갖추려면 반드시 먼저 신(身)에 갖추어야 하고, 수(手) 각(脚)이 다 같이 도달해야 비로소 진짜이다」 그러므로 신법(身法)은 형의권술의 근본이다. 어깨를 흔들어 움직이며 과(胯)를 활기차게 하고, 온몸이 뒤척이며 신(身)을 옆으로 하여서 나아가고, 앞으로 숙이거나 뒤로 젖히거나 좌우로 비뚤어 기울어서는 안 된다. 나아가면 곧장 나가고, 물러나면 곧장 뒤처지며, 특히 내외(內外)가 서로 합치되도록 반드시 정신을 집중하고, 반드시 온몸이 단결하여 상하(上下)가 일치되게 하여서, 비록 나아가고 물러날지라도 파괴되거나 흐트러지지 않으면, 거의 종잡을 수가 없어, 적이 목적을 달성할 수 없으니, 이것은 안(眼)이 재빠르고 수(手)가 재빠른 등의 이외에 더우기 그 신(身)이 재빠름을 중히 여기는 이유이다.

형의권7순(形意拳七順)

어깨가 팔꿈치를 '다그치고(催 : 재촉하고)', 팔꿈치는 어깨를 '따르며(不逆)', 팔꿈치는 손을 다그치고, 손은 팔꿈치를 따르며, 손은 손가락을 다그치고, 손가락은 손을 따른다. 허리는 과(胯)를 다그치고, 과(胯)는 허리를 따르며, 과(胯)는 무릎을 다그치고, 무릎은 과(胯)를 따르며,

무릎은 발을 다그치고, 발은 무릎을 따른다. 머리(首)는 몸을 다그치고, 몸은 머리를 따른다. 심기(心氣)가 안정되면 음양(陰陽)이 서로 합치되어{대저 사람의 온몸은, 펴면 양(陽)이 되고, 움츠리면 음(陰)이 된다}, 상하(上下)가 연결되고, 내외(內外)가 일치하며, 이것을 7순(七順)이라 부른다.

형의권8세(形意拳八勢)

형의권의 자세는 중요한 요점이 여덟 가지가 있다. 1. 정(頂) 2. 제(提) 3. 구(扣) 4. 원(圓) 5. 포(抱) 6. 수(垂) 7. 가로지고 세로지며 반드시 사정을 알아야 한다 8. '올라가며 파고들고 내려가며 뒤집음(起攢落翻)'이 반드시 분명해야 한다.

정(頂)이란 것은, 머리가 위로 향하여 '받쳐 올리고(頂)', 혀끝이 위턱에 받쳐 올리며, 손이 밖으로 '받쳐 지탱하는(頂)' 것이다.

제(提)란 것은, 미려(尾閭)를 위로 '들어올리고(提)'{즉 '허리를 가라앉힌다(塌腰)'}, 곡도(穀道 : 항문)를 안으로 들어올리는{양기(陽氣)가 독맥(督脈)으로 상승하게 한다} 것이다.

구(扣)란 것은, 가슴을 '다잡아 억류하고(扣)'{가슴을 펴고 기(氣)를 진정시켜서, 음기(陰氣)가 임맥(任脈)으로 하강하게 한다}, 손등을 '다잡아 억류해야(扣)' 하며, 발바닥을 아래로 '다잡아 억류해야(扣)' 한다는 것이다.

원(圓)이란 것은, 척배(脊背 : 등)가 '둥글어야(圓)' 하고, 호구(虎口)가 반원(半圓)이어야 하며, 팔뚝은 초승달모양이어야 하고, 손목은 밖으로 '버팅이며(頂)' 초승달모양이어야 하고, 다리는 잇닿아 굽혀서 초승달 모양이어야 한다는 것이다.

포(抱)란 것은, 단전(丹田)이 '품어 안아야(抱)' 하고, 심중(心中)이 품어 안아야 하며, 팔뚝이 품어 안아야 한다는 것이다.

수(垂)란 것은, 기(氣)를 단전(丹田)으로 '드리우고(垂)', 어깨를 아래로 '늘어뜨리며(垂)', 팔꿈치를 아래로 늘어뜨리는 것이다.

'가로지는(橫)' 것은 '올라가고(起)', '세로지는(順)' 것은 '내려간다(落)'.

'올라가는(起)' 것은 '파고들고(躦)', '내려가는(落)' 것은 '뒤집는다(翻)'. 올라감은 가로짐의 시작이고, 파고들음은 가로짐의 끝이며, 내려감은 세로짐의 시작이고, 뒤집음은 세로짐의 끝이다. 손이 올라가며 파고들고, 손이 내려오며 뒤집고, 발이 올라가며 파고들고, 발이 내려가며 뒤집는다. 올라감은 가는 것이고, 내려감은 타격하는 것이며, 올라감도 또한 타격하는 것이고, 내려감도 또한 타격하는 것이니, 따질 필요 없이 여하튼, 오르내리며 파고들고 뒤집으며 가고 옴은 결국 팔꿈치가 옆구리를 벗어나지 않고, 손이 심(心)을 벗어나지 않는데, 이것은 형의권의 응당 주의해야 하는 자세이다.

형의권8요(形意拳八要)

8요(八要)란 무엇인가? 1. 안으로 '들어올려야(提)' 한다 2. 3심(三心)이 '함께 합해야(並)' 한다 3. 3의(三意)가 '연결되어야(連)' 한다 4. 5행(五行)이 '적합해야(順)' 한다 5. 4초(四梢)가 '완전하게 갖추어져야(齊)' 한다 6. 심(心)이 '여유가 있어야(暇)' 한다 7. 3첨(三尖)이 '서로 대응해야(對)' 한다 8. 안(眼)이 '매서워야(毒)' 한다.

안으로 '들어올려야(提)' 한다는 것은, 곡도(穀道 : 항문)를 바짝 오므려 그 기(氣)를 들어올려서, 위로 모아 단전(丹田)에 이르게 하며, 단전(丹田)에 모은 기(氣)를 다시 척추를 거쳐서 뇌정(腦頂 : 정수리)에 곧장 도달하게 하여, 두루 유행하여 오가며 순환하여 끝이 없으니, 즉 소위 「항문을 바짝 오므려 안으로 들어올린다(緊撮穀道內中提)」라는 것이다.

3심(三心)이 '함께 합해야(並)' 한다는 것은, 정심(頂心 : 정수리)이 아래로 향하고, 각심(脚心)이 위로 향하며, 수심(手心)이 '되돌아가는(往回)' 것이다. 3자가 기(氣)를 한 곳에 모이게 하는 이유는, 만약 정심(頂心)이 아래로 향하지 않으면, 올라간 기(氣)가 단전(丹田)으로 들어갈 수 없고, 각심(脚心)이 위로 향하지 않으면 내려간 기(氣)를 단전(丹田)으로 거두어들일 수 없고, 수심(手心)이 되돌아가지 않으면 바깥의 기(氣)가 단전(丹田)으로 수축할 수 없다. 그러므로 반드시 3심(三心)이 하나로 '합해야(並)' 기(氣)가 비로소 하나로 돌아가 모인다.

3의(三意)가 '연결되어야(連)' 한다는 것은, 심의(心意) 기의(氣意) 역의(力意) 3자가 연결되어 일치하는 것이며, 즉 소위 내3합(內三合)이다.

이 3자는 심(心)으로써 주모자로 삼고, 기(氣)로써 총사령관으로 삼으며, 역(力)으로써 장사(將士)로 삼는다. 기(氣)가 충분하지 못하면 역(力)이 부족하고, 심(心)이 비록 지략이 있어도 역시 소용이 없으며, 그러므로 기의(氣意)를 잘 수련한 후에 역의(力意)를 밖으로 통솔하고, 심의(心意)를 안으로 대응할 수 있으니, 3의(三意)의 연결은 특히 응당 기(氣)로써 먼저 해야 할 일로 삼는다.

5행(五行)이 '적합해야(順 : 혹은 차례로 따르다)' 한다는 것은, 외5행(外五行)이 5권(五拳)이며 즉 벽붕포찬횡(劈掤砲攢橫)이고, 내5행(內五行)이 5장(五臟)이며 즉 심간비폐신(心肝脾肺腎)이다. 외5행(外五行)인 5권(五拳)의 변화와 응용이 각기 그 순서에 적합하면 곡절이 많아도 모두 규칙에 들어맞고, 기력(氣力)이 도달하면 자세가 곧 이에 따르며, 자세가 잡히면 기력(氣力)이 곧 이에 집중된다. 기력(氣力)이 충분하면 자세가 쓸모가 있게 되고, 자세를 수련할수록 기력(氣力)은 마침내 더욱 증가한다. 그러므로 5행(五行)이 '적합해야(順)' 한다는 것은, 바로 기(氣)를 '따르기(順)' 때문이다.

4초(四梢)가 '완전하게 갖추어져야(齊)' 한다는 것은, 혀가 '받쳐 올려야(頂)' 하고, 이빨이 '악물어야(叩)' 하며, 손가락과 발가락이 '다잡아 억류해야(扣)' 하고, 모공(毛孔)이 '바짝 죄야(緊)' 한다는 것이다. 대저 혀가 목구멍을 떠받치면 '침(津液)'이 '위(上)'로 집중되어 기혈(氣血)이 유통된다. 아래위 이빨을 바짝 악물면 기(氣)가 골수(骨髓)에 관통한다. 손가락과 발가락을 안으로 다잡아 억류하면 기(氣)가 근육에 집중한다. 모공(毛孔)을 바짝 조이면 온몸의 기(氣)가 모여서 견고하다. 이것을 '완전하게 갖춘다(齊)'라고 말하는 것은, 즉 매 한 자세를 취할 때, 혀가 떠받치고 이빨이 악물며 손가락 발가락이 다잡아 쥐고 모공이 조이는 것을 일제히 방법대로 하여서, 선후(先後)나 더디고 빠름이 없는 것이다. 이 네 가지는 만약 한 가지가 부족하면 곧 기(氣)가 흩어지고 힘이 쇠약해지니, 곧 기예(技藝)라고 말할 만한 것이 못된다.

심(心)이 '여유가 있어야(暇)' 한다는 것은, 수련할 때 마음속이 당황하지 않고 서두르지 않는 것을 말한다. 대저 당황하면 두려워하는 마음이 있고, 서두르면 초조하여 급한 마음이 있으며, 두려워하면 바로 기(氣)가 반드시 꺾이고, 초조하여 급하면 바로 기(氣)가 반드시 혼란하며, 기(氣)가 꺾이고 혼란할 때는 곧 수족을 어찌 할 바를 모른다. 만약 평소에 수련하여 익힌 공부가 없으면 마음속이 공허하여, 일이 발생하면 겁을 먹어 위축되니, 적을 만나면 두려워하지 않거나 초조하지 않는 사람이 없다. 그러므로 심(心)이 '여유가 있어야(暇)' 하는 것은, 실로 기(氣)를 수련하는 것과 서로 밀접한 관계여서 분리할 수 없다.

3첨(三尖)이 '서로 대응해야(對)' 한다는 것은, 코끝 손끝 발끝이 서로 마주하는 것이다. 대저 손끝이 코끝과 마주하지 않고 좌(左)로 치우치면, 우변(右邊)을 '돌볼(顧)' 방법이 없고, 우(右)로 치우치면, 좌변(左邊)을 돌볼 방법이 없다. 손과 발 그리고 발과 코가 마주하지 않으면 그 폐해(弊害)도 역시 같다. 그리고 3자가 만약 너무 심하게 치우쳐 비뚤어지면, 온몸이 힘을 내기가 균등하지 못하여, 반드시 단결하여 일치할 수 없어, 기(氣)는 이 때문에 산만(散漫)해져서, 정심(頂心)이 비록 아래로 향하여도, 기(氣)는 아래로 운행하기 쉽지 않고, 각심(脚心)이 비록 위로 향하여도, 기(氣)는 위로 거두어들이기 쉽지 않고, 수심(手心)이 비록 되돌려가도, 기(氣)는 안으로 수축하기 쉽지 않으니, 이것은 자연의 이치이다. 그러므로 3첨(三尖)이 마주하지 않으면 실로 기(氣)를 수련함에 있어서 크게 지장이 있다.

안(眼)이 '매서워야(毒)' 한다는 것은, 목광(目光 : 눈초리 눈빛)이 날카롭고 위엄이 있는 것이다. 독(毒) 자는 즉 위엄 있고 빠르며 예민하다는 뜻이 함축되어 있으며, 원기(元氣)가 충만한 사람이 아니면 이것이 있을 수 없다. 권술을 익힘은 단지 기(氣)를 수련하고 역(力)을 수련할 뿐이다. 역(力)을 수련하면 신체를 건강하게 할 수 있고, 기(氣)를 수련하면 정신(精神)을 증진한다. 공부(工夫)가 깊은 사람은 능히 단전(丹田)이 의식을 집중하여 응집하며, 5장(五臟)이 편안하니, 이 사람의 정신은 반드시 영리하고 민첩하며, 뇌력(腦力 : 지력)이 반드시 충족하고, 양 귀·입·코 등의 기관이 반드시 그 쓸모를 각기 다할 수 있으며, 그리고 눈은 더욱이 반드시 기색이 늠름하고 광망(光芒)이 사람을 쏘니, 이것이 바로 소위 '매섭다(毒)'는 것이다.

형의권9가(形意拳九歌)

신(身) : 앞으로 숙이거나 뒤로 젖히면, 그 권식(拳式)은 힘이 없다. 좌(左)로 기울거나 우(右)로 쏠리면 모두 신(身)의 결점이다. 똑바르면서 기운 듯하고, 기울면서 똑바른 듯하다.

견(肩) : 머리는 위로 '받쳐 올려야(頂)' 하고, 어깨는 아래로 '내려뜨려야(垂)' 한다. 왼쪽 어깨가 억누르면, 오른쪽 어깨가 저절로 따르며, 몸의 힘이 손에 도달하는 것이 어깨가 하는 일이다.

비(臂) : 왼팔이 앞으로 내뻗고, 오른팔이 옆구리에 있으며, 굽은 듯하나 굽지 않고, 곧은 듯하나 곧지 않으며, 너무 굽히면 멀리 가지 못하고, 너무 곧으면 힘이 없어진다.

수(手) : 오른손이 옆구리에 있고, 왼손이 가슴과 같은 정도에 이른다. 뒤쪽 손이 조금 모으고, 앞쪽 손이 힘껏 내밀며, 양 손 모두 뒤집고, 힘을 들임이 균등해야 한다.

지(指) : 다섯 손가락은 각기 나누어서, 그 모양은 갈고리와 닮았다. 호구(虎口)는 원만(圓滿)하며, 단단한 것 같기도 하고 부드러운 것 같기도 하다. 힘이 반드시 손가락에 도달하나, 억지로 추구해서는 안 된다.

고(股) : 왼쪽 넓적다리가 앞에 있고, 오른쪽 넓적다리가 뒤에 지탱하며, 곧은 듯하나 곧지 않고, 구부린 듯하나 구부리지 않으며, 비록 곧음과 굽음이 있어도 항상 계형(鷄形)이 나타난다.

족(足) : 왼발이 곧장 앞으로 나아가고, 기울거나 치우치면 모두 잘못이다. 오른발은 자세가 비스듬하고, 앞쪽 발꿈치는 정강이와 마주 대하고(즉 정강이가 수직이고), 상대방에 따라서 거리를 두며, 발가락은 '다 잡아 억류하여(抑)' 둔다.

설(舌) : 혀는 육초(肉梢)이며, 말아 올린즉 기(氣)가 내려가고, 눈을 크게 뜨며 머리카락이 곤두서고, 단전(丹田)이 더욱 침착되며, 근육은 상태가 무쇠와 같고, 안으로 오장육부를 견고히 한다.

둔(臀) : 둔부를 들어올리면, 기(氣)가 4초(四梢)에 관통한다. 양 다리가 휘감아 돌며, 둔부의 살이 서로 맞대고, 낮으면 세(勢)가 흩어지니, 그러므로 조금 높아야 한다.

악무목형의권요론(岳武穆形意拳要論)

요론(要論) 1

　예로부터 지금까지 무릇 흩어지면 반드시 통일되고, 나누어지면 반드시 합해지니, 그러므로 천지간 사면팔방의 온갖 것들은, 각기 속하는 바가 있고, 천만 가지 잡다한 것들은, 당연히 그 근원이 있다. 하나의 근본에서 흩어져 천만 가지 다른 것이 되고, 천만 가지 다른 것이 모두 한 근본으로 돌아오니, 모든 일은 반드시 이러하다. 더욱이 무(武)에 관한 일에 대한 논설은, 또한 대단히 번잡하나, 요컨대, 변화가 무궁하고, 어디서나 모두 세(勢)를 이루며, 즉 어디서나 모두 기(氣)를 갖추니, 세(勢)는 비록 같지 않으나, 기(氣)는 하나에 속한다. 무릇 소위 하나라는 것은, 위로부터 발바닥까지, 안으로는 오장육부와 근육과 뼈에, 밖으로는 근육 피부 5관(五官)을 비롯한 온몸이, 서로 이어져 하나로 관통하는 것이다. 이를 파괴하려도 풀리지 않고, 이를 부딪쳐보아도 흩어지지 않으며, 위가 움직이려 하면 아래가 저절로 이에 따르고, 아래가 움직이려 하면 위가 저절로 이를 이끈다. 위아래가 움직이면 가운데가 이를 처리하고, 가운데가 움직이면 위아래가 이에 조화되며, 안팎이 서로 연결되고, 전후가 서로 필요로 하니, 소위 하나로 관통함은, 바로 이것을 말하나, 그러나 억지로 이렇게 되도록 해서는 안 되고, 거듭하여 익혀서 이렇게 되도록 한다. 그 때가 되면 '고요하며(靜)', 깊은 물처럼 고요히 맑아, 그 장소를 차지하여 산처럼 진중하다. 그 때가 되면 '움직이며(動)', 하늘이 무너지듯 천둥이 치는 듯하여, 뜻밖으로 갑작스러워 빠르기는 번개가 번쩍이는 것과 같다. 또한 고요하면 모두 고요하여서, 밖과 안 위와 아래 모두 들쑥날쑥할 염려가 없다. 움직이면 모두 움직여서, 좌우전후가 조금도 밀고 당기며 우물쭈물 머뭇거리는 모양이 없다. 진실로 물이 아래로 쏟아지는 것과 같아, 세차게 내려서 저지하지 못하고, 화포(火砲)가 안으로 쳐들어와 터지는 것과 같아, 귀를 막을 겨를이 없다. 생각할 겨를이 없고, 예견(豫見)하려 걱정하지 않으며, 진실로 저도 모르게 그러하여, 되려고 하지 않아도 그렇게 되니, 이것이 어찌 까닭없이 그러하다고 말하겠는가? 기(氣)는 매일 축적함으로써 유익하고, 공(功)은 오래 수련함으로써 비로소 이룬다. 공자(孔子)의 '하나로 관통하는(一貫)' 가르침을 보면, 반드시 많이 듣고 지식을 넓힌 후에야 그 경지가 활짝 트이며, 사물의 도리를 파고들어 지식을 명확히 하는 노력을 그만두지 않는다. 그러므로 일은 어렵고 쉬움이 없고 노력만이 오로지 스스로 완성함을 알아서, 순서를 건너뛰어서는 안 되고, 조급하여 당황해서는 안 되며, 단계를 거쳐서 올라가고, 순서에 따라서 나아가며, 그러한 후에야 온몸의 5관(五官) 백해(百骸) 4지(四肢) 관절이 저절로 관통하고, 위아래 안팎이 연결되기 쉽다. 대체로 흩어진 것은 통일되고, 나누어진 것은 합해져서, 4지(四肢) 백해(百骸)는 마침내 '한 기(一氣 : 혹은 元氣)'로 돌아올 뿐이다.

요론(要論) 2

일찍이 세간의 '두드려 치기(捶 : 즉 拳術)'를 논하는 사람은, 동시에 기(氣)를 논하는 사람이다. 무릇 기(氣)는 하나로 집중하지만, 둘로 나눌 수 있고, 소위 둘이라는 것은, 바로 호흡(呼吸)이고, 호흡은 바로 음양(陰陽)이다. '두드려 치기(捶)'는 동정(動靜)이 없을 수 없고, 기(氣)는 호흡(呼吸)이 없을 수 없으며, 숨을 '들이쉬면(吸)' 곧 음(陰)이고, '내쉬면(呼)' 곧 양(陽)이며, 정(靜)을 주관하는 것은 음(陰)이고, 동(動)을 주관하는 것은 양(陽)이며, 상승하면 양(陽)이고, 하강하면 음(陰)이며, 양기(陽氣)는 상승하여서 양(陽)이 되고, 양기(陽氣)가 내려가서 음(陰)이 되며, 음기(陰氣)는 내려가서 음(陰)이 되고, 음기(陰氣)가 올라가면 곧 양(陽)이 되니, 이것이 음양(陰陽)의 구분이다. 무엇을 청탁(淸濁)이라고 하는가? 올라가서 위에 있는 것이 청(淸)이고, 내려가서 아래에 있는 것이 탁(濁)이며, 청기(淸氣)는 상승하고, 탁기(濁氣)는 하강하며, 청(淸)한 것은 양(陽)이 되고, 탁(濁)한 것은 음(陰)이 된다. 요컨대, 양(陽)으로써 음(陰)을 보양하고, 전체적으로 말하자면 통합하여 기(氣)가 되고, 구분하여 말하자면 음양(陰陽)이 된다. 기(氣)는 음양(陰陽)이 없을 수 없고, 즉 소위 사람은 동정(動靜)이 없을 수 없으며, 코는 호흡이 없을 수 없고, 입은 출입(出入)이 없을 수 없으니, 이것은 바로 상대적인 순환이 불변하는 이치이다. 그러한즉 기(氣)가 둘로 나누어지나, 실은 하나에 있다. 이 도정(道程)에 뜻을 둔 사람은, 절대로 이것에 얽매여 구애받지 말아야 한다.

요론(要論) 3

무릇 기(氣)는 몸에서 근거하며, 몸의 절(節 : 마디)은 정해진 데가 없다. 3절(三節)이란 것은 상중하(上中下)이다. 몸을 가지고 말하자면, 머리가 상절(上節)이고, 몸체가 중절(中節)이며, 다리가 하절(下節)이다. 상절(上節)을 가지고 말하자면, 천정(天庭 : 양 미간)이 상절(上節)이고, 코가 중절(中節)이며, 해저(海底)가 하절(下節)이다. 중절(中節)을 가지고 말하자면, 가슴이 상절(上節)이고, 배가 중절(中節)이며, 단전(丹田)이 하절(下節)이다. 하절(下節)을 가지고 말하자면, 발이 초절(梢節)이고, 무릎이 중절(中節)이며, 과(胯)가 근절(根節)이다. 팔뚝을 가지고 말하자면, 손이 초절(梢節)이고, 팔꿈치가 중절(中節)이며, 어깨가 근절(根節)이다. 손을 가지고 말하자면, 손가락이 초절(梢節)이고, 장(掌)이 중절(中節)이며, 장근(掌根)이 근절(根節)이다. 이것은 보기만 하면 족히 이해하므로 논할 필요가 없다. 그러한 즉 정수리부터 발까지 각기 3절(三節)이 있다. 요컨대 만약 3절(三節)의 구분이 없으면, 곧 주의하여 정성을 들일 데가 없다. 상절(上節)이 분명하지 않으면, 의지할 근본이 없고, 중절(中節)이 분명하지 않으면, 온몸이 텅 비며, 하절(下節)이 분명하지 않으면, 자기 자신이 넘어진다. 돌이켜보니 소홀할 수 있겠는가? 기(氣)의 발동(發動)에 관해서는, 모두 초절(梢節)이 움직여야 하고, 중절(中節)이 따르며, 근절(根節)이 이를 재촉할 뿐이다. 그러나 이것은 하나하나 나누어서 말한 것이고, 만약 합하여 말하면, 위로는 머리 정수리부터 아래는 발바닥에 이르기까지 4지(四肢) 백해(百骸)는 결국 하나의 절(節)이 되니, 대저 어찌 3절(三節)이 있으며, 또한 어찌 3절(三節) 중의 각각이 또 3절(三節)이 있다고 말하는가?

요론(要論) 4

  신(身)을 논하고 기(氣)를 논하는 시도 이외에, 나아가서 초(梢)를 논한다. 대저 초(梢 : 끝부분)란 것은 신(身)의 나머지 여분이다. 신(身)을 말하는 사람은 처음에는 이것을 언급하지 않고, 기(氣)를 말하는 사람도 역시 좀처럼 논하지 않는다. '두드려 침(捶)'은 안에서 밖으로 발출하고, 기(氣)는 신(身)을 거쳐서 초(梢)에 도달하니, 그러므로 기(氣)의 운용이 신(身)에서 근거하지 않으면 곧 공허하여 부실하며, 초(梢)에 나타나지 않으면 곧 실(實)하여도 여전히 공허하므로, 초(梢) 또한 어찌 중시하지 않을 수 있겠는가? 그러나 이것은 단지 신(身)의 초(梢)일 뿐이고, 기(氣)의 초(梢)는 아직 언급하지 않은 것과 같다.

　4초(四梢)가 무엇인가? 머리카락이 그 중의 하나이다. 대저 머리카락이 관련되는 계통은, 5행(五行)에 속하지 않고, 4지(四肢)와 관계가 없어서, 논할 가치가 없는 것 같으나, 그러나 머리카락은 혈(血)의 초(梢)이고, 혈(血)은 기(氣)의 '바다(海)'이므로, 설령 머리카락에 근거하여 기(氣)를 논할 필요가 없다 할지라도, 그렇지 않으면 혈(血)과 분리되어도 기(氣)가 생겨날 수 있으니, 혈(血)과 분리되지 않으면 곧 머리카락에까지 아울러 미치지 않으면 안 된다. 머리카락이 솟구치도록 의도하면, 혈초(血梢)가 넉넉하다. 그 외 예컨대 혀는 육초(肉梢)이고, 육(肉)은 기(氣)의 '주머니(囊)'이므로, 기(氣)가 육(肉)의 초(梢)에 나타날 수 없으면 곧 그 기(氣)의 양(量)을 충당하지 못하니, 그러므로 반드시 혀는 이빨을 '다그치려(催)' 하여야 하며, 그러한 후에 육초(肉梢)가 넉넉하다. 골초(骨梢)를 말하자면, 이빨이다. 근초(筋梢)는 손발톱이다. 기(氣)는 골(骨)에서 생겨나, 근(筋)에 연결되며, 이빨에 도달하지 못하면 곧 근(筋)의 초(梢)에 도달하지 못하고, 그것이 넉넉하고자 하면, 이빨이 근(筋)을 물어 끊으려 하지 않고 손발톱이 골(骨)을 뚫어 들어가려 하지 않고서는 할 수가 없다. 과연 이처럼 할 수 있으면 곧 4초(四梢)가 넉넉하다. 4초(四梢)가 넉넉하면 기(氣)도 역시 저절로 넉넉하니, 어찌 다시 공허하여 부실하고, 실하나 여전히 공허한 것이 있겠는가.

요론(要論) 5

(권술과 직접적인 관련이 없는 내용이므로 생략하였다)

요론(要論) 6

심(心)과 의(意)가 합하고, 의(意)와 기(氣)가 합하며, 기(氣)와 역(力)이 합하니, 내3합(內三合)이다. 손과 발이 합하고, 팔꿈치와 무릎이 합하며, 어깨와 과(胯)가 합하니, 외3합(外三合)이다. 이것이 6합(六合)이다. 왼손과 오른발이 서로 호응하여 합하고, 왼팔 팔꿈치와 오른다리 무릎이 서로 호응하여 합하며, 왼쪽 어깨와 오른쪽 과(胯)가 서로 호응하여 합하고, 오른쪽 어깨와 왼쪽 과(胯) 역시 그러하다. 그리고 머리와 손이 합하고, 손과 몸이 합하며, 몸과 보(步)가 합하니, 어느 것이 외합(外合)하지 않는가? 심(心)과 안(眼)이 합하고, 간(肝)과 근(筋)이 합하며, 비(脾)와 육(肉)이 합하고, 폐(肺)와 신(身)이 합하며, 신(腎)과 골(骨)이 합하니, 어느 것이 내합(內合)하지 않는가? 어찌 단지 6합(六合)뿐이겠는가? 그러나 이것은 특별히 나누어 말한 것이고, 총괄하여 말하면 움직이기만 하면 모두 움직이고, 합하기만 하면 모두 합하며, 온몸 모두 그 중에 운용한다.

요론(要論) 7

머리는 6양(六陽)의 우두머리이고, 온몸의 주인이며, 5관백해(五官百骸)는 모두 단지 이것에만 의지한다. 그러므로 머리는 나아가지 않을 수 없다. 손이 먼저 운행하려면, 그 근원은 윗팔뚝에 있으며, 윗팔뚝이 나아가지 않으면 손은 물러나 앞서지 않으니, 이것은 윗팔뚝이 나아감을 중히 여기는 이유이다. 기(氣)는 중완(中腕)에 모이고, 그 관건은 허리에 있으므로, 허리가 나아가지 않으면 곧 기(氣)가 꺾여서 부실하니, 이것은 허리가 나아감을 중히 여기는 이유이다. 의(意)가 온몸에 관통하고, 몸을 운행하여 움직임은 보(步)에 있으며, 보(步)가 나아가지 않으면 의(意)는 곧 멍청하여 아무 일도 할 수 없으니, 이것은 보(步)가 반드시 그 나아감을 취하는 이유이다. 그리고 좌(左)로 가려면 반드시 우(右)가 나아가고, 우(右)로 가려면 반드시 좌(左)가 나아가니, 그 나아감은 어느 곳이나 모두 힘을 쓰는 곳이기 때문이다. 요컨대 그 나아갈 때에 아직 이르지 못하면, 온몸을 합하며 그리고 움직이려는 의(意)와 조금도 관계가 없으나, 그 나아감을 말하기만 하면, 온몸을 통솔하여 모두 갖추어서, 밀고 당기며 우물쭈물 머뭇거리는 모양이 없다.

요론(要論) 8

신법(身法)은 무엇인가? 종횡(縱橫) · 고저(高低) · 진퇴(進退) · 반측(反側)일 뿐이다. 종(縱)은 그 세(勢)를 방출하고, 한번 가면 돌아오지 않으며, 횡(橫)은 그 역(力)을 감싸 들고, 벌려 확장하면 막지 못한다. '높이면(高)' 그 몸을 위로 올리며, 몸은 늘어나는 세(勢)가 있는 것과 같고, '낮추면(低)' 그 몸을 억눌러서, 몸은 파고들며 붙잡는 모양이 있는 것과 같다. 응당 '나아가야(進)' 하면 곧 나아가고, 몸을 다 바쳐서 용감하게 곧장 돌진하여 나가며, 응당 '물러나야(退)' 하면 곧 물러나고, 그 기(氣)를 이끌어 되돌려서 세(勢)를 잠복시킨다. 몸을 '돌려(反)' 뒤로 돌아보게 되면, 뒤가 바로 앞이고, 몸을 '기울려서(側)' 좌우(左右)를 돌아보면, 좌우(左右)로 하여금 나를 감당 못하게 한다. 그러나 이렇게 하는 것에 융통성 없이 얽매이지 말아야 한다. 반드시 먼저 상대방의 강약을 살피고, 나의 계책(計策)을 운용하며, 홀연히 종(縱)이다가 홀연히 횡(橫)이고, 종횡(縱橫)은 세(勢)에 따라서 변천하므로, 일률적으로 추진해서는 안 된다. 홀연히 높고 홀연히 낮으며, 고저(高低)는 수시로 변하므로, 격식에 얽매여 논해서는 안 된다. 때로는 응당 나아가야 하며, 그러므로 물러나서 그 기(氣)가 꺾여서는 안 되고, 때로는 응당 물러나야 하며, 즉 적절하게 물러남으로써 그 나아감을 북돋우고, 이 나아감이 굳건히 나아가는 것이니, 즉 물러날지라도 이 또한 실제로는 그 나아감에 의지한다. 만약 몸을 돌이켜 뒤를 돌아보면, 그 뒤를 돌아보아도 그것이 뒤라고 또한 여겨지지 않으며, 옆으로 비스듬히 좌우를 바라보면, 좌우 또한 그것이 좌우로 여겨지지 않는다. 요컨대 중요한 계책은 눈에 있고, 임기응변은 마음에 있으며, 그 요점을 파악하는 것은 바로 몸에 의거하고, 몸이 앞서면 곧 사지(四肢)는 명령을 내리지 않아도 수행하며, 몸이 물러나면 곧 백해(百骸 : 온몸) 모두 은연중에 물러난다. 신법(身法)은 어찌 내버려 두고 논하지 않을 수 있겠는가.

요론(要論) 9

무릇 이 5관백해(五官百骸)는 주도적으로 움직이나, 실은 보(步)로써 운행한다. 보(步)는 온몸의 토대이며, 운동의 중요한 관건이다. 그러므로 도전을 받아 대적하면 모두 몸에 의거하며, 그리하여 사실상 몸을 받쳐주는 튼튼한 기둥이 되는 것은, 모두 보(步)이다. 임기응변은 손에 있으며, 그리하여 손의 전환을 하는 것도 또한 보(步)에 있다. 진퇴(進退)와 반측(反側)은 보(步)가 아니면 어떻게 동작을 격동시키는 계기를 만들겠으며, 억양(抑揚)과 신축(伸縮)은 보(步)가 아니면 어떻게 변화의 교묘함을 나타내겠는가? 소위 중요한 계책은 눈에 있고 임기응변은 마음에 있으니, 빙 에두르고 끊임없이 변화하여 곤란한 처지에 이르지 않는 이유는 무엇인가? 모두 보(步)가 이것을 주관하며, 억지로 무리하게 그렇게 되도록 하지 말아야 한다. 동작은 무심(無心)에서 나오고, 동작을 북돋움은 스스로 의식하지 못하는 데서 나오며, 몸이 움직이려 하면 보(步)도 또한 이를 위해 응대하고, 손이 움직이려 하면 보(步)도 또한 이미 이를 위해 재촉하여 다그치며, 무의식중에 그러하고, 이것을 자꾸 몰아세워서는 안 되며, 소위 위가 움직이려 하면 아래가 저절로 따른다는 것은, 바로 이것을 말하는 것이다. 또한 보(步)는 전후(前後)로 나누며, 일정한 위치가 있는 것이 보(步)이다. 그러나 일정한 위치가 없는 것도 역시 보(步)이다. 예컨대 앞의 보(步)가 나아가고, 뒤의 보(步)가 따르면, 전후가 저절로 정해진 위치가 있고, 만약 앞의 보(步)로써 뒤로 삼으면, 뒤의 보(步)가 앞이 되며, 더욱이 앞의 보(步)로써 뒤로 삼은 앞의 보(步)나, 뒤의 보(步)로써 앞을 삼은 뒤의 보(步)는, 곧 전후 역시 자연히 일정한 위치가 없다. 요컨대 권술이 세(勢)를 논하려면, 파악해야할 중요한 요점은 보(步)이다. 활기차거나 활기가 없거나 하는 것도 보(步)에 달려있고, 민첩하거나 민첩하지 않은 것도 보(步)에 달려있으니, 보(步)의 쓰임새는 크다.

'두드려 치기(捶 : 권술)'의 명칭이 심의(心意)이며, 심의(心意)라는 것은, 의(意)는 심(心)으로부터 생겨난다는 것이며, 권(拳)은 의(意)에 따라서 발(發)하니, 어쨌든 자기를 알고 남을 알며 임기응변해야 한다. 심기(心氣)가 발(發)하면 사지가 모두 움직이고, 발을 일으켜 올림은 근거지가 있고, 무릎을 일으켜 올림은 속셈이 있으며, 움직여 회전함은 위치가 있고, 온몸이 과(胯)로 향하고, 3첨(三尖)이 서로 마주 하며, 심(心) 의(意) 기(氣)는 안으로 셋이 서로 호응하여 합한다. 권(拳)과 족(足)이 합하고, 팔꿈치와 무릎이 합하며, 어깨와 과(胯)가 합하니, 밖으로 셋이 서로 호응하여 합한다. 수심(手心) 족심(足心) 본심(本心)의 3심(心)이 한 기세로 서로 합한다.

거리가 멀면 수법을 발하지 않고, 주먹으로 쳐서 공격함은 5척(尺) 이

내 3척(尺) 이외이며, 전후좌우를 막론하고, 보(步)가 나가며 주먹으로 치고, 수법을 발하는 것은 상대방에 명중함을 기준으로 삼으며, 모습을 나타내지 않음을 교묘하게 여긴다. 수법을 발하면 빠르기가 바람 같고 화살 같으며, 소리가 울림은 우뢰와 같고, 갑자기 나타났다 사라짐이 토끼 같고, 또한 날랜 새가 숲에 뛰어드는 것과 같다.

적에 대응함은 큰 대포가 얇은 벽을 밀어버리는 세(勢)와 같고, 눈치가 빠르고 손이 날쌔며, 용감하게 뛰어나가 곧장 집어삼키고, 아직 맞붙어 싸우지 않으나, 원기(元氣)가 앞장서고, 이미 수법을 쓴 바에는, 민첩하게 움직이는 것이 좋다. 기세가 대단해 보이면 공격하지 않고, 난잡해 보이면 공격하며, 기세가 대단해 보이면 대립하지 않고, 난잡해 보이면 대립하며, 상중하(上中下)는 언제나 기(氣)를 굳게 지니고, 신(身) 족(足) 수(手)는 규칙으로 바로잡아 단속하며, 아무런 근거도 없이 올라가지 않을 뿐만 아니라, 또한 아무런 근거도 없이 내려가지 않고, 총명하고 민첩하며 교묘함은 전부 활기(活氣)에 있고, 능히 떠나가고 능히 다가서며, 능히 부드럽고 능히 단단하며, 능히 나아가고 능히 물러나며, 꿈쩍하지 않음은 산악(山岳)과 같고, 알기 어렵기는 음양(陰陽)과 같으며, 무궁하기는 천지(天地)와 같고, 충실하기는 태창(太倉 : 수도에 곡식을 저장하던 창고)과 같으며, 한없이 넓기는 4해(四海)와 같고, 뽐내어 눈부시기는 3광(三光 : 해 달 별)과 같다

공격해 오는 기세(氣勢)의 기회(機會)를 자세히 살피고, 적의 길고 짧음을 헤아리며, 정(靜)으로써 동(動)을 기다림은 상법(上法)이 있고, 동(動)으로써 정(靜)을 처리함은 차법(借法)이 있으며, 차법(借法)은 쉬우나 상법(上法)은 어렵고, 여전히 상법(上法)이 가장 으뜸이다. 용맹을 겨루는 사람은 잘못 생각해서는 안 되며, 잘못 생각하는 사람은 역경에 처하게 된다. 일으켜 올라감은 화살이 파고드는 것과 같고, 내려감은 바람과 같으며, 손이 손을 껴안아 앞으로 공격하니, 거동이 암암리에

저절로 호응하여 합하고, 빠르기는 하늘에서 번개가 번쩍이는 것과 같으며, 양 변을 두드려 쳐서 좌우를 방어하고, 등을 돌림은 호랑이가 산을 뒤지는 것과 같다. 단호히 두드려 치는 용맹을 당할 수 없고, 말단을 자르고 얼굴을 마주하여 정 중앙을 취하며, 급히 오르고 급히 내리는 기세는 호랑이와 같으며, 마치 사나운 매가 닭장을 덮치는 것과 같다.

기세가 아무리 대단하여도 서두를 필요가 없고, 단봉조양(單鳳朝陽 : 초식의 명칭)이야말로 강하며, 구름이 일월(日月)을 등지면 천지(天地)가 교류하고, 무예(武藝)는 경쟁하여 길고 짧음이 드러난다. 걸음새는 짧으나 한 '자(尺)' 가량 벌리고, 얼굴을 후려치며 다가서다 물러가고, 오른다리가 나서며 좌보(左步)가 나아가고, 이 방법은 앞으로 가는 것이며, 나아가려면 몸이 나아가야 하고, 몸과 손이 함께 도달해야 진짜이며, 발출하는 중에 끊어짐이 있으면 어디서부터 운용할지 그 뜻을 이해하니 귀신처럼 교묘하다. 새매가 숲으로 들어가니 날개를 붙이지 않고, 매가 작은 새를 잡으니 기세가 사방을 평정한다. 승리하려면 4초(四梢)를 모두 모아야 하며, 가장 중요한 것은 역시 손이 심(心)을 보호해야 하는 것이다. 계책(計策)으로써 운행하며 변화하고, 벼락 치듯이 정신(精神)을 내달리며, 마음이 독해야 상책(上策)이라 부르고, 수(手)와 안(眼)이 비로소 다른 사람을 이긴다.

섬(閃 : 날쌔게 피하다)이 무엇인가? 진(進)이 무엇인가? 진(進)이 바로 섬(閃)이고, 섬(閃)이 바로 진(進)이니, 멀리서 구할 필요가 없다. 타(打 : 공격)가 무엇인가? 고(顧 : 방어)가 무엇인가? 고(顧)가 바로 타(打)이고, 타(打)가 바로 고(顧)이니, 수법을 발출하는 것이 바로 이것이다. 심(心)은 화약과 같고, 권(拳)은 탄환과 같아서, 민첩한 기세가 발동하면 새도 날아 도망치기 어렵다. 몸은 활시위와 같고, 손은 화살과 같아서, 활시위가 향하자 새가 떨어지니, 신기함이 나타난다. 손을 일으킴은 번개가 번쩍이는 것과 같고, 번개가 번쩍이듯 빨라서 눈 깜빡할 사이가 없다. 사람을 타격함은 갑작스러운 번개와 같고, 돌연하여서 미처 손 쓸 사이가 없다. ……

교수법(交手法 : 싸우는 방법)

우(右)를 차지하고 좌(左)로 나아가며, 좌(左)를 차지하고 우(右)로 나아간다. 보(步)를 나갈 때 먼저 발꿈치가 땅에 닿고, 발끝은 발가락 모두가 땅을 움켜잡으며, 보(步)는 안정되어 듬직해야 하고, 몸은 장중(莊重)해야 한다. 두드려 치는 것은 침착되고 충실하여 굳건한 힘이 있어야 하며, 떠나가면 손을 빼고, 사람에 닿으면 주먹이 된다. 주먹을 사용하려면 꽉 말아 쥐며, 옥죄어서 기운이 있고, 올리고 내리는 기(氣 : 氣息)는 모두 고르게 머물며, 나가고 들어옴은 심(心)으로써 주재(主宰)하며, 안(眼) 수(手) 족(足)이 이에 따라서 가고, 욕심을 부려 탐내지 않고, 붙지도 않으며 떨어지지도 않고, 팔꿈치를 내리며 팔꿈치를 구부리고, 손을 내리며 손을 구부린다. 오른발이 앞에 서야 하면, 무릎 끝이 앞으로 향하며, 이것은 보(步)를 바꾸는 것이다. 권(拳)은 심(心)으로부터 발출하고, 몸의 힘으로써 손을 재촉하며, 손은 심(心)으로써 지키고, 심(心)은 손으로써 지키며, 상대방에게 나아가려면 보(步)를 나아가고, 한 보(步)에 한번 두드려 치며, 몸의 한 부분이 움직이면, 온몸이 모두 따른다. 발출하는 중에 '끊어짐(絶)'이 있고, '잡아 쥐면(握)' 온몸이 모두 잡아 쥐고, '내밀면(伸)' 온몸이 모두 내밀며, 내미는 것은 내밀어 나아갈 수 있어야 하고, 잡아 쥐는 것은 뿌리를 잡아 쥘 수 있어야 하며, 대포가 휩쓸듯이 바짝 휘말아 감고, 힘 있게 버틴긴다. 들어올리며 타격하거나, 억누르며 타격하거나, 드러나게 타격하거나, 회전하며 타격하거나, 베어 자르며 타격하거나, 마구 난타하거나, 찍어 파듯이 타격하거나, 팔꿈치로 타격하거나, 팔뚝으로 타격하거나, 과(胯)나 장(掌)으로 타격하거나,

머리로 타격하거나, 보(步)를 나아가며 타격하거나, 보(步)를 물러나며 타격하거나, 보(步)를 가지런히 하여 타격하거나, 보(步)를 가로지며 타격하거나를 막론하고, 그리고 전후좌우상하 백방으로 타격하는 방법은, 모두 온몸이 함께 서로 뒤따라야 한다.

  싸우면 먼저 정문(正門)을 차지하며, 이것을 교묘하다고 말한다. 골관절이 들어맞아야 하며, 들어맞지 않으며 힘이 없다. 수법이 재빨라야 하며, 재빠르지 않으면 변고가 생긴다. 손을 발출함이 빨라야 하며, 빠르지 않으면 늦어서 일을 그르친다. 손을 들어올림이 활발해야 하며, 활발하지 않으면 빠르지 않다. 손으로 타격함이 잇따라야 하며, 잇따르지 않으면 쓸모가 없다. 마음을 먹음이 독해야 하며, 독하지 않으면 어긋난다. 손발이 활기차야 하며, 활기차지 않으면 위험을 무릅써야 한다. 마음먹음이 영리해야 하며, 영리하지 않으면 우롱을 당한다. 동작을 취하면 매가 채어 잡듯 용맹해야 하며, 겉으로는 조용하나 대담하고, 중요한 요점은 익숙하게 운용하는 것이며, 결코 무서워하거나 주저하지 말고, 마음은 꼼꼼히 쓰나 담은 크게 가지며, 겉은 선하게 보이나 속마음은 악하고, 조용하기는 샌님 같으나, 움직이면 천둥이 치는 것과 같다.

  상대방이 오는 기세를 또한 반드시 자세히 살펴보아야 한다. 발로 차고 머리로 부딪치며, 주먹으로 치고 팔로 때리며, 몸을 웅크려 보(步)를 나아가고, 뒷받침이 있어야 몸을 일으켜 발출하고, 비스듬히 가며 보(步)를 바꾸고, 가로막아 공격하며 몸을 숙이고, 다리를 들어올려 내뻗고, 발가락이 동쪽으로 향하면 반드시 서쪽의 살기(殺氣)를 방비하며, 위가 허(虛)이면 아래는 반드시 실(實)이어야 하고, 교활하며 음험한 계책은 너무 많아 이루 다 헤아릴 수 없다.

  영기(靈機 : 영감 기지)는 스스로 헤아려 짐작하며, 손이 빠른 사람이 손이 느린 사람을 때리고, 속담에 말하기를 얕잡아 보아서는 안 된다는 것은 분명히 식견이 있다. 올라감은 내려감을 예상하고, 내려감은 올라감을 예상하며, 상승과 하강은 다시 서로 뒤따르고, 몸과 손이 함께 도달하는 것이 진짜이다. 대퇴(大腿)는 가위와 같으며, 눈썹을 향해 자르고, 게다가 등을 돌리니 범이 산을 뒤지는 것과 같다. 손을 일으켜 올림은 번개가 번쩍이듯 빠르고, 내려침은 갑작스러운 번개와 같고, 비바람이 몰아치며, 매가 제비를 잡고, 새매가 숲으로 파고들며, 사자가 토끼를 덮쳐잡는다. 손을 일으켜 올릴 때 3심(三心)이 서로 마주하고, 움직이지 않으면 샌님과 같으나, 움직이면 용이나 범과 같다.

   거리가 멀면 손을 발출하여 공격하지 않는다. 양 손은 심(心) 근처를 보호하며, 우(右)로 오면 우(右)로 맞이하고, 좌(左)로 오면 좌(左)로 맞이하니, 이것은 재빠르게 취하는 것이다. 멀어지면 곧 손이 나가고, 가까워지면 곧 팔꿈치가 가세하며, 멀어지면 곧 발로 차고, 가까워지면 곧 무릎이 가세하니, 멀고 가까움을 응당 알아야 한다. 주먹으로 때리고 발로 차며, 머리가 도달하여 기세를 장악하고, 상대방을 분석하여 판단하자마자 행동을 취하도록 하며, 무슨 의도(意圖)가 있어도 그 기색을 나타내어서는 안 되고, 기색을 나타내면 이길 수 없다. 상대방의 수법을 재빨리 간파하고, 지형(地形)을 주도면밀하게 살펴서, 유리한 위치에서 공격한다. 손은 빨라야 하고, 발은 날렵해야 하며, 기세를 갖추어 움직이면 고양이의 행동과 같다.

   심(心)이 올바르고, 눈은 정(精)을 모은다. 손과 발이 같이 도달하면 반드시 이긴다. 만약 손이 도달하고 발이 도달하지 않으면, 상대방을 타격함이 좋지 않고, 손이 도달하고 발도 도달하면, 상대방을 손쉽게 타격한다. 위는 인후(咽喉)를 타격하고, 아래는 하음부(下陰部)를 타격한다. 좌우 양 옆구리가 중심에 있고, 앞으로 타격하여 1장(丈)을 나가도 멀다고 여기지 않으며, 가까운 것은 단지 1촌(寸) 사이에 있다. 몸이 움직일 때는 담을 무너뜨리는 것과 같고, 발을 내릴 때는 수목이 뿌리를 박는 것과 같다. 손을 일으켜 올림은 포(砲)가 곧바로 돌진하는 것과 같고, 몸은 살아있는 뱀과 같아야 하며, 머리를 치면 꼬리가 응하고, 꼬리를 치면 머리가 응하고, 중간을 치면 머리와 꼬리 모두 서로 호응한다. 앞을 공격하면 뒤를 방비해야 하고, 나아감을 알면 반드시 물러남을 알아야 하고, 마음이 움직임은 말처럼 빠르고, 팔이 움직임은 바람처럼 신속하다.

연습할 때는 면전(面前)에 마치 사람이 있는 것과 같이 하고, 싸울 때는 사람이 없는 것과 같이 한다. 앞쪽 손을 일으켜 올리면, 뒤쪽 손은 바짝 재촉하고, 앞쪽 발을 일으켜 올리면, 뒤쪽 발은 바짝 뒤따른다. 면전(面前)에 손이 있어도 손을 드러내지 않고, 가슴 앞에 팔꿈치가 있어도 팔꿈치를 드러내지 않는다. 그리고 빈틈을 보이면서 공격하지 않고, 허점을 보이며 나아가지 않고, 권(拳)은 헛되이 일으켜 올리지 않고, 역시 헛되이 내리지도 않으며, 손을 일으켜 올리면 발은 내려야 하고, 발을 내리면 손을 일으켜 올려야 하며, 심(心)이 앞장서야 하고, 의(意)는 상대방보다 우월해야 하며, 신(身)이 상대방을 공격해야 하고, 보(步)는 상대방을 능가해야 하며, 앞쪽 다리는 책상다리(가부좌)와 같고, 뒤쪽 다리는 더하여 보충하는 듯하다. 머리는 쳐들어 올려야 하고, 가슴은 드러내어야 하며, 허리는 늘여 올려야 하고, 단전(丹田)은 기(氣)를 운행해야 한다. 정수리부터 발에 이르기까지 한 기(氣)가 서로 관통해야 한다. 놀라고 겁이 나서 마음이 오싹하면 이길 수가 없고, 상대방의 말과 안색을 살펴서 그 의중을 헤아릴 수 없는 사람은 상대방을 막을 수 없고 먼저 행동할 수 없으며, 먼저 행동하는 것이 상수이고, 후에 행동하는 것이 하수이며, 생각하자마자 행동을 취하여 나아가도록 하고, 충동적으로 물러나지 못하게 한다. 3절(三節)은 '꼿꼿이 지탱해야(挺)' 하고, 3첨(三尖)은 '대조해야(照)' 하며, 4초(四梢)는 '일제히 완비해야(齊)' 한다. 3심(三心)을 분명히 알면 '힘(力)'이 많아지고, 3절(三節)을 분명히 알면 '방법(方)'이 많아지고, 4초(四梢)를 분명히 알면 '정력(精)'이 많아지고, 5행(五行)을 분명히 알면 기(氣)가 많아진다. 3절(三節)을 분명히 알고, 탐내지 않고 부족하게 여기지 않으며, 올라가고 내려가며 나아가고 물러나며 다양하게 변화하여 수시로 변하여도 오직 한 세(勢)이고, 반드시 '한마음(一心)'이 주재자(主宰者)가 되어야 한다. 5행(五行)을 총괄하고, 2기(二氣)를 운용하며, 항상 연습하여 조석으로 힘쓰고, 자세히 따지며 수련하면 때로는 억지스럽겠으나, 공을 오래 들이면 자연스러워진다. 이 말은 얼마나 진실한가! 어찌 헛된 말이겠는가!

형의오행권도설(形意五行拳圖說) 하편(下編)

권보(拳譜)

연습상의 주의사항

1. 시간

형의권을 연습하기 가장 좋은 때는 동틀 무렵이며, 운동하는 시간은 1시간을 한도로 삼는다(너무 길어서는 안 된다). 만약 시간을 절약하려면 3·40분간도 괜찮으며, 그러나 중간에 멈추어서는 안 되고, 반드시 매일 연습해야만 신체상에 유익하다. 만약 아침에 시간이 없으면, 낮이나 저녁에 약간의 시간을 정하여 연습한다. 다만 식후에는 1·2시간이 지나야 운동하기 적당하다.

2. 공간

운동장소는 실내가 적당하며, 길이는 1장(丈) 5척(尺)이고, 너비는 8척인 면적이면 사용하기 충분하다. 이것은 개인이 가정에서 연습하는 것에 대해 말하는 것이고, 만약 여러 사람이 함께 연습하려면 적당한 장소를 달리 정해야 한다.

3. 중간휴식

연습시간은 보통 5분을 기준으로 삼고, 휴식시간도 5분을 기준으로 삼는다. 즉 연습하여 5분이 되면, 5분을 휴식하고 다시 연습하는 것이다. 만약 신체가 건장하여 아직 남은 힘이 있거나 혹은 기력이 허약하여 5분을 버티지 못하는 사람은, 그 사람의 체력이 어떠한지에 따라서 연습량을 증감한다.

4. 금기(禁忌)

연습하는 실내에 공기가 유통되어야 하지만, 그러나 큰 바람이 불어 들어오게 해서는 안 되며, 바람을 맞는 쪽 면의 창문을 반드시 닫는다. 예를 들면 겨울에는 북풍이 세므로, 북쪽 면의 창문을 닫고, 남쪽 면의 창문을 열어둔다. 형의권은 능히 기(氣)를 양성하고, 혈(血)의 순환을 원활히 하며, 힘을 생겨나게 하고, 근골(筋骨)을 튼튼하게 하므로, 수련한 지 몇 분 후가 되면, 곧 땀이 흐르고 온몸의 모공이 열리니, 이때 만약 바람을 맞으면 곧 감기에 걸리기 쉽다. 그러므로 연습하는 중간에 휴식할 때, 비록 몹시 더울지라도, 부채질을 하여 바람을 쏘여서는 안 되고, 연습을 멈춘 후, 신체가 온화(溫和)하고 땀이 그쳐야 밖으로 나간다.

또한 연습하는 중에는 반드시 정신을 집중해야 하며, 규정된 운동시간에는 차를 마시거나 담배를 피우거나 음식을 먹어서는 안 되고, 큰 소리로 떠들거나 웃어서도 안 된다.

연습 중에 5분간 휴식할 때, 신체가 지쳐 나른하여도 자리에 앉아서는 안 되고, 실내를 천천히 몇 바퀴 돌면, 신기(神氣)가 자연히 안정되며, 정력(精力)도 회복된다.

여름날의 연습은, 덥다고 웃통을 벗지 말고, 반드시 옷을 입어 몸을 가려야 하고, 겨울날의 연습은, 춥다고 옷을 많이 입어 두툼하여 불편해 하지 말고, 반드시 겉옷을 벗어야 한다.

제1로(第一路) 벽권(劈拳)

벽권(劈拳)은 금(金)에 속하며, 한 기(氣 : 氣息)의 올라가고 내려감이다. 벽(劈)이란 것은 그 장(掌)의 내려감이 마치 도끼가 '패어 찍는(劈)' 것과 같다. 그러므로 5형(五形 : 五行)의 이치에 따라 금(金)에 속하며, 그 형(形)은 도끼를 흉내 낸다. 배 안에서는 바로 폐(肺)에 속하고, 권(拳 : 권술)에서는 곧 벽(劈)이다. 그 경(勁)이 '순조로우면(順)' 곧 폐기(肺氣)가 '조화되고(和)', 그 경(勁)이 '맞지 않으면(謬)' 곧 폐기(肺氣)가 '어긋난다(乖)'. 사람은 기(氣)가 가장 기본이며, 기(氣)가 조화되면 신체가 튼튼하고, 기(氣)가 어긋나면 신체가 약해진다. 그러므로 형의권은 벽권(劈拳)으로써 선두로 삼으니, 즉 기(氣)를 양성하는 것이 가장 먼저 해야 하는 일이다.

1. 예비자세(預備姿勢)

(1) 입정(立正 : 차려 자세)

똑바르게 서는 자세는 형의권에서 그 방법을 태극식(太極式)이라 부르며, 일반적인 체조의 차려자세와 대략 같다. 머리는 곧바르게 받쳐 올리고, 눈은 앞으로 향하여 수평으로 바라보며, 입을 다물고, 혀를 위턱에 떠받치며, 가슴은 약간 앞으로 내밀고, 양 어깨는 평평하며, 아랫배는 약간 뒤로 움츠리고, 양 다리와 양 발의 발꿈치는 바싹 접근하며, 양 무릎은 곧게 '지탱하여 펴고(挺)', 양 발끝은 좌우로 비스듬히 벌려서 65도의 八(팔)자형을 이루며, 양 팔은 수직으로 내려뜨리고, 양 손은 펴며 약간 굽혀서, 장심(掌心)이 몸에 접근하고, 다섯 손가락은 한데 모은다. (제1도)와 같다.

(제1도)

(2) 장법(椿法)

태극식(太極式)으로부터 나아가서 삼체식(三體式)으로 발전하며, 총칭하여 장법(椿法)이라 부르고, 그 동작 순서는 다음과 같다.

1. 양 팔을 좌우로 향하여 천천히 같이 들어올리며, 손가락은 약간 펴서 벌리고, 장심(掌心)이 위로 향하며, 각

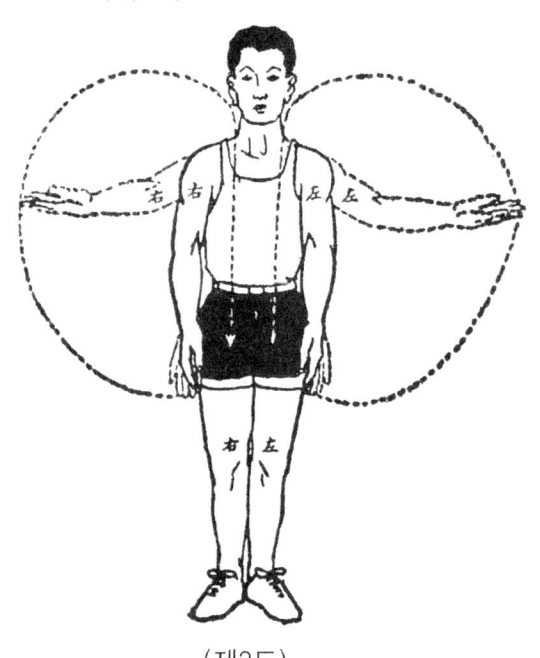

(제2도)

(제3도)

기 하나의 반원(半圓) 형태를 이루며 들어올려서 아래턱에 이르고, 곧 장심(掌心)을 아래로 향하며, 열 손가락이 서로 마주하여서, 턱 앞으로부터 직선을 이루며 천천히 아래로 '누르고(按)', 배꼽 아래에 이르러 멈춘다. 이때 양 손의 손가락 끝이 접하며, 새끼손가락은 밖으로 향하고, 엄지손가락은 안으로 향하며, 양 팔은 적당히 하나의 동그라미를 이룬다. 동작 시에는 (제2도)와 같고, 정지 시에는 (제3도)와 같다.[4]

---

4) 역자註 : 동작 중에 온몸은 무리하게 힘을 들이지 않고 가벼이 자연스럽게 움직이며, 조금도 서투른 힘을 들이지 않아야 몸에 정체됨이 없어 원활히 동작을 활짝 펼칠 수 있다. 동작은 먼저 느리게 하면서 익히고, 연하고 부드럽게 오랜 기간 연습하면 차츰 자연히 단단하고 실하며 빠르고 맹렬해진다. 흔히 형의권과 태극권은 같다고 말하며, 사실상 권술의 기본이론은 꼭 같다고 하여도 과언이 아니고, 유사한 동작이나 자세

2. 잠깐 멈추고, 양 손이 주먹을 쥐며, 밖으로 향하여 비틀어 돌려서, 장심(掌心)이 위로 향하게 하며, 제자리에서 '누르고(按)', 동시에 신체를 아래로 웅크려 앉히며, 양 무릎을 앞으로 조금 굽혀서 마보(馬步)자세가 되고, 아랫배는 '기를 북돋우며(鼓氣)', 양 과(胯 : 사타구니 즉 다리와 허리 사이의 연결부위)는 바짝 '맞물어 다잡는다(夾)'. 동작 시에는 (제4도)와 같고, 정지 시에는 (제5도)와 같다.

▶주먹을 쥐는 방식

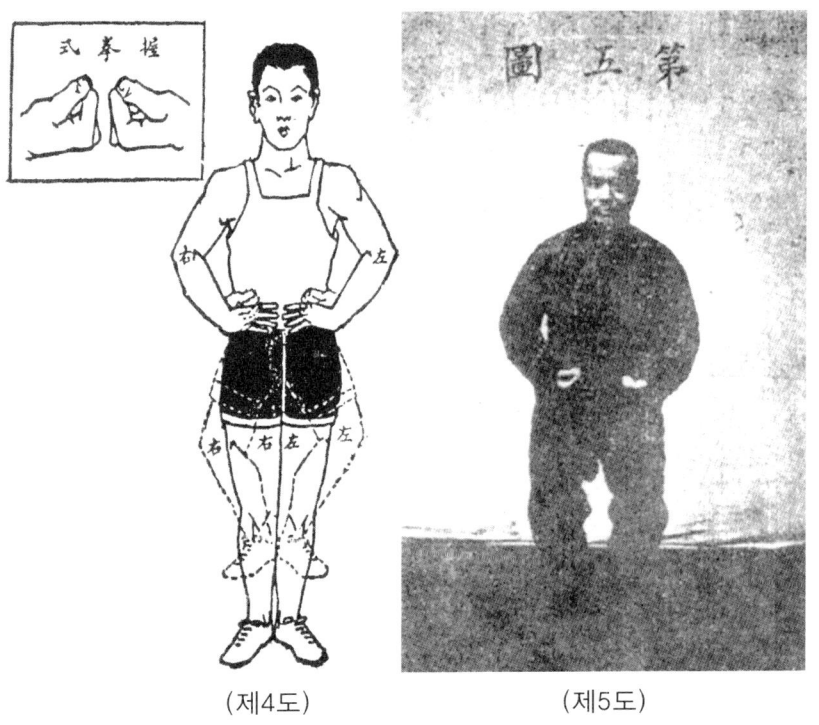

(제4도)　　　　　(제5도)

가 많다. 또한 형의권은 서양의 boxing과도 유사한 점이 있다. (제2도)에 표시된 양 팔의 동작 중에, 양 팔을 머리 위로 들어올리는 동작은 "기를 단전으로 가라앉히는(氣沉丹田)" 작은 비결이라 할 수 있으며, 형의권의 기식(起式)과 마지막의 수식(收式)은 모두 양 팔을 위로 들어올리는 동작을 하여서 기침단전(氣沉丹田)을 강조한다.

3. 좌권(左拳)은 원래 위치에 누른 채 움직이지 않고, 우권(右拳)은 장심(掌心 : 拳心)이 안으로 향하며, 명치로부터 앞쪽 위 방향으로 향하여 비스듬히 나가고{주먹을 내밀어 명치에 이를 때 주먹과 팔 모두 약간 우(右)로 비틀어 돌려서, 주먹의 새끼손가락 쪽이 안으로 향하고, 주먹의 엄지손가락 쪽이 밖으로 향하며, 장심(掌心)은 우(右)로 향하여 치우치도록 한다}, 눈은 우권(右拳)을 바라보며, 팔(오른팔)은 호형(弧形 : 활모양)을 이루고, 주먹은 미간과 같은 높이이다. (제6도)5)와 같다.

(제6도)

(제7도)

5) 역자註 : 사진과 그림의 자세는 약 45도가량의 비스듬한 각도에서 보이는 자세이다. 즉 제5도까지의 정면그림에서 우권(右拳)이 곧바로 앞으로 향한 자세가 되어야 한다. 아마도 자세를 정확히 전달하기 위해 사진과 그림의 각도를 이처럼 잡은 듯 하다. 동작의 진행방향은 보세(步勢)의 그림에 표시된 방향을 따르면 의문이 없을 것이다.

(제8도)　　　　　　(제9도)

4. (제7도)의 점선 표시에 따라서, 좌권(左拳 : 장심이 안으로 향한다)을 오른팔의 안에서 가슴 앞으로부터 우(右) 위 방향으로 향하여 비스듬히 나가서6), 우권(右拳)과 교차하여{우권(右拳)이 밖에 있고, 좌권(左拳)이 안에 있다}, (제8도)와 같다.

(제8도)의 자세를 이룬 후, 양 손목을 반드시 신속히 비틀어 돌리며, 양 주먹은 펴서{이때 오른손 장심이 좌(左)로 향하고, 왼손 장심이 우(右)로 향한다}, 왼손이 '미는(推)' 자세를 취하여 앞으로 향하여 '후려 찍어(劈)' 나가고{장심이 앞쪽 약간 우(右)로 향한다}, 오른손은 뒤로

---

6) 역자註 : 좌권(左拳)도 우권(右拳)과 마찬가지로 비틀어 돌려서, 새끼손가락 쪽이 안으로 향하고, 엄지손가락 쪽이 밖으로 향한다.

'끌어당기는(拉)' 자세를 취하여 아래로 '누르며(按)', 배꼽의 오른편에 이르러 멈춘다(장심이 아래로 향한다). 동시에 왼발이 앞으로 향하여 1보를 나아가서, 왼다리 무릎과 왼발 발꿈치가 수직선을 이루어, 즉 (제9도)의 자세가 된다{왼발은 앞으로 향하여 곧바르고, 오른발은 조금 가로져서 발끝이 우(右) 앞쪽 방향으로 치우친다}7). 차려 자세로부터 이 자세까지가 바로 형의권의 각 권식을 시작하는 예비자세인 삼체식(三體式)이다.8)

---

7) 역자註 : 삼체식(三體式) 보형(步型)은 앞쪽 다리에 3할의 체중을 싣고, 뒤쪽 다리에 7할을 실으며, 앞쪽 다리 무릎은 발끝과 같이 앞쪽으로 향하여 조금 지탱하면서, 또한 앞쪽 다리는 안으로 '다잡아 억류한다(扣)'. 뒤쪽 다리 발끝은 45도 가량을 벌리고, 무릎은 안으로 다잡아서, 양 무릎이 서로 합하며, 이처럼 하면 양 다리가 민첩하면서도 또한 묵직하게 자리 잡을 수 있어, 마치 '가위 모양의 집게(夾剪)'처럼 경(勁)을 갖추며, 양 다리의 과근(胯根)이 마치 집게나 가위처럼 맞물려 고정시켜 다잡는다. 이것을 계퇴(鷄腿 : 닭의 다리 형태)라고 한다. 협전(夾剪)은 옛날에 은자(銀子)를 화폐로 사용하던 시대에 은(銀)을 자를 때 사용한 집게가위이며, 앞쪽 다리가 집게가위의 앞쪽 윗날과 같아서, 앞쪽 무릎이 앞쪽으로 가지런하며, 앞쪽 발은 가볍고, 뒤쪽 다리 무릎은 안으로 '다잡으며(扣)' 앞으로 향해 마치 집게가위의 뒤쪽 아랫날과 같아서, 뒤쪽 발이 무겁고, 양 다리는 잡아당길 뿐만 아니라, 또한 '끼워 집는(夾)' 듯한 경(勁)이 있다. 형의권은 전통무술에서 사용하는 궁(弓) 마(馬) 부(仆) 허(虛) 헐(歇) 등의 주요 보형(步型)을 탈피하여서, 형의권 특유의 삼체식(三體式) 장보(樁步)를 주로 사용하며, 이러한 협전경(夾剪勁)은 형의권의 장공(樁功)이나 하체의 기법에 가장 중요한 요소이고, 삼체식(三體式) 보형(步型)은 전통무술의 궁보(弓步)나 마보(馬步)에 비하여 훨씬 민첩하며 쉽게 할 수 있으나, 궁보(弓步)나 마보(馬步)와 같은 침중하며 충실함을 갖추려면 완정한 협전경(夾剪勁)을 수련해내어야 한다.
8) 역자註 : 삼체식(三體式)은 형의권의 각 권식을 시작하는 기본자세로서, 가장 중요한 자세이며, 공(功)을 단련하고 기(氣)를 단련하는 장법(樁法 : 참장법)자세이다. 형의삼체식(形意三體式)을 안정되게 서면 형의권

예비자세의 교정

형의권의 주요 효용(效用)은 기(氣 : 氣息 호흡)를 단련함에 있으므로, 입정(立正) 시에 반드시 먼저 입을 다물고, 이빨을 꽉 물며, 혀끝이 입천장에 떠받치고, 코로 호흡하며, 한 로(路 : 권식 혹은 초식)나 혹은 몇 로(路)를 연습하여 마친 후 휴식할 때, 비로소 입을 연다. 입을 다무는 것은, 그리하여 기(氣)가 밖으로 새지 않도록 하며, 그리고 불결한 공기를 흡입하지 않도록 한다. 권술수련 시에 호흡은 평시에 비하여 종종 가쁘고 폐(肺)가 확장되기 때문에, 미생물을 흡입하기 마련이다. 혀를 입천장에 떠받치면 침의 분비를 촉진하고, 침이 분비되면 삼켜서 입이 메마르지 않게 한다.

입정(立正) 시에, 머리는 '받쳐 올리고(頂)', 목은 '곧게 펴고(直)', 가슴은 '벌리고(寬)', 항문은 '위로 들어올려야(上提)' 맞는 방식이다.

(제5도)에서 다리를 굽힌 후, 허리는 꼿꼿이 펴고, 상반신은 곧게 펴야 하며, 만약 앞으로 숙이거나 뒤로 젖히면 여러 가지 잘못이 생겨난다.

(제8도)에서 손과 발의 동작은 반드시 동시에 나란히 시작하고 나란히 완성하며 가지런해야 하고, 양 손목을 비틀어 돌리는 동작과 왼손을 후려 찍어 나가며 오른손을 아래로 누르는 동작은 더욱이 민첩하고 자연스러워야 한다.

이 밖에 또한 가장 주의해야 하는 네 가지가 있는데, 형의권은 무슨 권식을 막론하고 모두 반드시 이 네 가지를 주의해야 한다. 첫째는 '팔

의 절반을 터득한 것과 같다고 한다. 이 삼체식은 권식의 기세(起勢)이며, 이 기세(起勢)를 취하기만 하면 곧 온몸에 예민한 감각을 갖추어 각성해 있어야 하고, 이러한 민감(敏感)함은 오행권 모두에 갖추어 있어야 한다.

꿈치를 감싸며(裹肘)', 둘째는 '어깨를 내려뜨리고(垂肩)', 셋째는 '배를 북돋우며(鼓腹)', 넷째는 '가슴을 편다(展胸)'.

'팔꿈치를 감싸는(裹肘)' 것은, 위로 파고들거나 수평으로 내미는 동작을 막론하고, 팔은 반드시 조금 굽히며, 그러한즉 어깨의 힘이 팔꿈치를 거쳐 손에 이르도록 운행할 수 있다.

'어깨를 내려뜨리는(垂肩)' 것은, 그리하여 기(氣)가 들뜨지 않게 하며, 내려서 아랫배에 모이게 한다.

'배를 북돋우는(鼓腹)' 것은, 아랫배에 기(氣)를 받아들이는 것이다. 사람 몸이 기(氣)를 간직하는 곳은 폐와 아랫배이며, 폐에 기(氣)를 저장하면 반드시 내쉬고 새 것을 다시 들이쉬며, 그 기(氣)는 오래 머무를 수 없으나, 아랫배에 기(氣)를 저장하면 호흡할 필요가 없고, 폐기(肺氣)와 비교하여 오래 지속할 수 있다.

'가슴을 펴는(展胸)' 것은, 그리하여 가슴속을 벌려서 호흡이 지장이 없도록 하는 것이다. 아랫배에 기(氣)를 저장하려면 필히 먼저 가슴을 억눌러 진압하여서, 폐기(肺氣)를 눌러 단전(丹田)으로 들어가는데, 이와 같이 하면 폐 부위가 압박을 받을 뿐만 아니라 호흡이 응당 순조롭지 못하니, 그러므로 또한 반드시 가슴을 펴서 폐 부위가 그 호흡에 지장을 주지 않도록 한다.

장법(樁法)은 또한 자오장(子午樁)9)이라 부르고, 높은 자세와 낮은 자세로 나누며, 처음 수련할 때는 마땅히 높은 자세로 수련하고, 기초가 갖춰지면 다시 낮은 자세로 바꾸어 수련한다. 만약 먼저 이 장법(樁法)을 잘 수련하여 익히면, 그 외의 각 권식은 연습하기가 자연히 어렵지 않다.10)

---

9) 역자註 : 자(子)는 양(陽)의 처음이고, 오(午)는 음(陰)의 처음이므로, 자오(子午)는 음양의 '처음(首)'이다.

10) 역자註 : 장법(樁法)은 참장(站樁)을 말하며, 정지한 자세를 취하여 '의(意)로써 기(氣)를 이끌고[以意領氣]' '기(氣)로써 몸을 운행하며[以氣運身]', 겉으로는 정지하여 있으나 안으로는 움직이는 내공수련(內功修練)이다. 어느 한 자세라도 참장(站樁)을 할 수 있으며, 참장자세를 취하기만 하면 온몸에 24법(法)을 갖추어야 한다. 24법은 3정(頂) 3구(扣) 3포(抱) 3원(圓) 3파(擺) 3수(垂) 3곡(曲) 3정(挺)이다. 이 24법을 적용하여 모든 자세나 동작을 교정하면 되나, 그러나 반드시 24가지 사항을 교정하는 것이라기보다는 자세의 기본적인 주의사항을 점검하면 될 것이다. 호흡은 복식심호흡(腹式深呼吸)을 하여서 '기(氣)를 단전으로 가라앉히는[氣沈丹田]' 방법으로써 단전에 기감(氣感)을 양성한다. 참장은 먼저 단전(丹田)을 의식하며 양성하여서 허리힘이 생겨나오도록 하고, 그 후 움직이기 시작하며, 움직여도 여전히 몸에는 24법이 갖추어져 있어야 한다. 참장도 정신을 운용하여 내부에서는 신형(身形)을 바꾸는 등으로 두뇌를 수련해야 하며, 참장을 할 때 몸의 높낮이나 손이나 팔의 위치 등에 대한 자세는 조금씩 움직이면서 따져보아 탐구해야 한다. 권술을 처음 배우는 독자께서는 각 자세를 참장수련하여서, 하체의 힘과 특히 무릎관절 그리고 각 부위의 인대를 강화하고, 점차로 정확한 자세를 찾아내어 정형화(定型化)하여 몸에 각인시킨다. 정신을 고도로 집중하고 의념(意念)을 온몸에 운용하여 한 기세(氣勢)를 이루며, 먼저 온몸을 '이완함(鬆)'을 수련하고, 나아가 이완과 긴장이 서로 번갈음을 수련하며, 이완과 긴장이 협조되어서 '이완되나 해이되지 않고, 긴장하나 뻣뻣이 경직되지 않는다(鬆而不懈, 緊而不僵)'. 이완은 연약하여 힘이 없는 것이 아니라 상대적인 이완이며 예민함을 갖추어야 한다. 참장의 방법상 심신(心身)이 힘을 들임을 가장 기피하며, 고의로 힘을 들여서는 안 된다. 평상시에 주의하지 않는 호흡을 의식적으로 조절하는 호흡으로 바꾸어서, 느리고 고르며 깊고 긴 호흡을 한다. 참장수련은 인체 각 부위가 고도로 협조되어 통일되게 하여서, 온몸이 연결되어 통하여 유기적으로 완정한 일체를 이루어 서로 호응하며 예민한 감각을 갖추어서, 일촉즉발의 반응력을 발휘할 수 있어야 한다. 참장수련을 한 후에는 반드시 산보를 충분히 하여서 숨을 돌리며 경(勁)을 집적(集積)한다. 참장수련은 그 자체가 양생(養生)의 방법이며, 많은 이로움이 있다.

2. 벽권(劈拳)의 보세(步勢)

　벽권(劈拳)의 보세(步勢 : 보법)는 일직선으로 향하여 나아가는 것이다.「좌(左)」·「우(右)」로부터「좌(左) 1」까지는 바로 예비자세(預備姿勢)의 보세(步勢)이다.「좌(左) 1」을 점보(墊步 : 한발뛰기·앙감질)하여「좌(左) 2」가 되고,「우(右)」는 곧 1보를 나아가서「우(右) 3」으로 변하며, 동시에 오른손을 '찍어(劈)' 나가서 우벽식(右劈式)이 된다.「우(右) 3」이 점보(墊步)하여「우(右) 4」가 되고,「좌(左) 2」가 곧 1보를 나아가서「좌(左) 5」로 변하며, 동시에 왼손을 '찍어(劈)' 나가서 좌벽식(左劈式)이 된다. 나아가는 보법은 (제10도)와 같다. (제11도)는 우(右) 뒤쪽으로 향하여 회전하는 보세(步勢)이고, (제12도)는 좌(左) 뒤쪽으로 향하여 회전하는 보세(步勢)이다.[11]

　"참장(站樁)은 힘을 들일 필요가 없고 힘을 찾을 필요가 없으나, 참장(站樁)하여 계속 서 있으면, 몸은 자기도 모르는 사이에 힘이 들어가기 일쑤며, 그러므로 이완시켜 느슨해야 함을 알아야 한다. 형의권은 느슨한 것은 꺼리지 않으나 바로 단단히 죄는 것을 꺼리며, 형의권은 '예민한 감각(敏感)'으로써 으뜸으로 삼고, 무겁고 둔하면 진보하지 못한다. 사실은 유연하고 가뿐하게 참장(站樁)하여야만 비로소 진정으로 힘을 들일 수 있다. 자신을 비워서 참장하면, 비로소 온몸 모두 분발하게 된다."《흘러간 무림》P.424~425

11) 역자註 : 형의권 보법(步法)의 기본기법은 '쟁기가 갈며 가고 짓밟아 으스러뜨린다(犁行踩砸)'라고 하며, 발을 이동함이 마치 밭을 갈아엎는 쟁기처럼 장애물을 헤치며 나가는 의식과 추진력이 있어야 하고, 발을 지면에 가까이 접근하여 나아가며, 발을 땅에 내릴 때는 마치 독충을 짓밟아 죽이는 듯한 짓이기는 힘이 있어야 하고, 소리가 나게 땅을 디디 밟아서, 발바닥을 땅에 붙여 발가락이 땅을 붙잡아 뿌리가 내린다. 그러나 소리가 울려나오도록 고의로 발로 땅을 구르는 것은 권(拳)이 힘을 발출하는 데에 도움이 되지 않는다. 허리가 과(胯)를 재촉하고, 과(胯)가 무릎을 재촉하며, 무릎이 발을 재촉하여 나아간다.

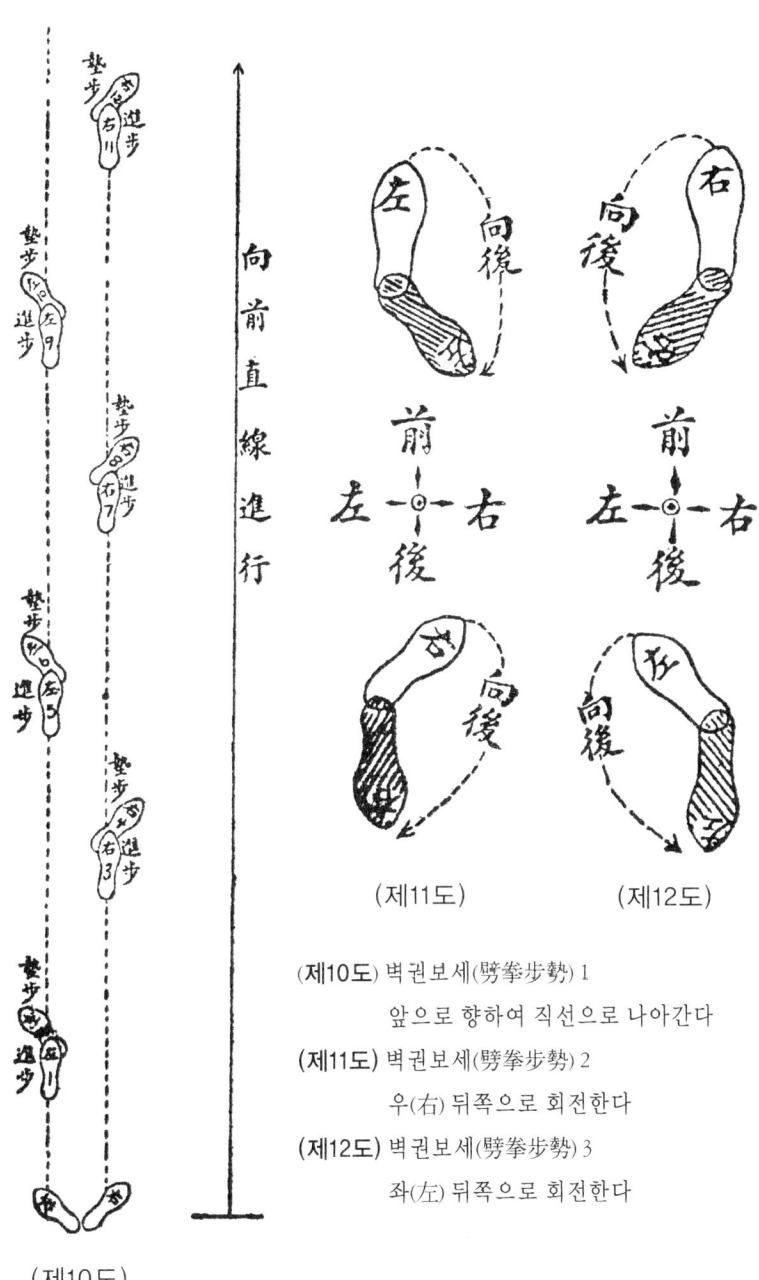

(제10도) 벽권보세(劈拳步勢) 1
앞으로 향하여 직선으로 나아간다
(제11도) 벽권보세(劈拳步勢) 2
우(右) 뒤쪽으로 회전한다
(제12도) 벽권보세(劈拳步勢) 3
좌(左) 뒤쪽으로 회전한다

3. 벽권(劈拳)의 동작

(1) 우벽식(右劈式)

(제13도)는 예비자세의 (제9도)이며, 바로 좌벽식(左劈式)의 자세이다.

1. 좌벽식(左劈式) 자세로부터 우벽식(右劈式) 자세까지 연습하려면, 먼저 (제13도)의 점선 표시에 따라서, 왼손이 주먹을 움켜쥐면서, 앞쪽 방향으로부터 아래로 향하다가 안으로 거두어들이며, 하나의 큰 동그라미를 이루고, 다시 명치를 지나 위로 내밀어서, 여전히 원래 방향으로 향하여 '타격하여(打)' 나간다. 그런데 왼손을 거두어들일 때, 다섯 손가락은 먼저 반드시 조금 구부리고, 힘을 들여서 물체를 끌어당기는 모양새를 취하며[12], 배꼽 옆에 이르면 주먹을 움켜쥐기 시작하여, 명치에 이르러 또한 팔을 좌(左)로 비틀어 돌려서, 주먹의 장심(掌心)이 좌(左)로

(제13도)　　　　(제14도)

향하고(제13도의 가슴 앞 점선 주먹을 참조한다), 주먹이 앞쪽 위 방향으로 향하여 비스듬히 나간다. 그러므로 타격하여 나간 후, 주먹의 엄지손가락 쪽이 밖으로 향하고, 새끼손가락 쪽이 안으로 향하며, 장심(掌心)은 여전히 좌(左)로 향하여 치우친다. 동시에 왼발이 앞쪽으로 향해 좌(左)로 치우쳐 1보를 밟아 나가며{보(步)는 작아야 하며, 약 5치(15cm) 가량이다}, 보의 명칭을 점보(墊步)라고 부른다.[13] (제14도)와 같다.

2. (제14도)의 자세가 된 후, 이 그림의 점선표시에 따라서, 오른손을 위로 향하여 비틀어 돌리며 주먹을 움켜쥐고(장심이 위로 향한다), 하나의 작은 동그라미를 이루며, 그리고 명치를 지나 좌(左) 위 방향으로 향하여 비스듬히 나가서, 좌권(左拳)과 교차하는 모양이 되고{좌권(左拳)의 장심(掌心)이 좌(左)로 향하고, 우권(右拳)의 장심(掌心)이 우(右)로 향한다}, 이때 오른발은 이미 앞으로 향하여 보(步)를 나아가려는 뜻이 있으나, 여전히 억제하여 움직이지 않으며[14], (제15도)와 같다.

---

12) 역자註 : "바로 형의권의 벽권(劈拳)을 '벽조(劈抓)'라고 부르는 것과 같이, '쪼개어 패듯이 찍어(劈)' 나가야 할 뿐만 아니라, 또한 '붙잡아(抓)' 되돌아 와야 하며, 붙잡아 되돌아 올 수 있는 권(拳)을 비로소 벽권(劈拳)이라 부르는데, 왜냐하면 되돌리는 경(勁)이 있기 때문이며, 한번 가서는 돌아오지 않는 권(拳)은 사람을 타격할 수 없다."《흘러간 무림》 P.332

13) 역자註 : 왼발은 발끝을 밖으로 꺾어 돌려서 왼다리를 비틀어 돌리며 내딛는다.
  "벽권(劈拳) 동작 내의 '앞발을 밖으로 돌려 벌리며 크게 내딛는 보(步)'는 대단히 훌륭하여, 생기 없는 양 다리를 활기차게 되살릴 수 있어, 체중(體重)을 전환시켜 활발한 경(勁)으로 만든다."《흘러간 무림》 P.99

14) 역자註 : 이때 몸은 조금 앞으로 나간다. 그림 14의 자세를 후굴(後屈)자세라고 한다면, 그림 15의 자세는 전굴(前屈)자세라고 말할 수 있다.

(제15도) (제16도)

3. 다시 (제15도)의 점선표시에 따라서, 동시에 오른손 손목을 좌(左)로 비틀어 돌리며 주먹을 펴고, '미는(推)' 자세를 취하여 앞으로 향하여 '후려 찍어(劈)' 나가서, 그 높이는 미간과 서로 마주한다. 왼손 손목은 우(右)로 비틀어 돌리며 주먹을 펴고, 뒤로 '끌어당기는(拉)' 자세를 취하여 아래로 '억눌러서(按)' 배꼽의 왼쪽 옆에 이르러 멈춘다(장심이 아래로 향한다)15). 동시에 오른발은 앞으로 향하여 1보를 나아가고{보(步)는 반드시 크며, 곧장 나아감이 화살과 같다}, 오른다리 무릎과 오

그림 15의 양 주먹은 다음 동작에서 주먹이 장(掌)으로 바뀌기 직전에 이미 양 손목을 비틀어 돌린 자세이다.
15) 역자註 : 양 손의 동작은, 위로 '파고들며(鑽)' 올라오고 '뒤집으며(翻)' 내리는데, 이와 같은 동작이 바로 '올라가며 파고들고 내리며 뒤집는다(起鑽落翻)'는 것이다.

른발 발꿈치가 하나의 수직선을 이루게 하며, 보의 명칭을 진보(進步)라고 부른다. 즉 우벽식(右劈式)이 되어, (제16도)와 같다.

(우벽식 1·2·3의 동작은 본래 서로 이어져 연속하며, 더욱이 양 팔의 올라가고 내려감은 모두 동시에 같이 동작하여서, 선후를 나누지 않으나, 이 책의 설명 중에는 독자의 이해를 돕기 위해 부득불 순서를 나누어서 그림을 그리고 설명을 나열하였으므로, 배우는 사람은 응당 그 뜻을 체험하여 터득해야 하고, 그림과 설명에 구속되지 않아야 하며, 또한 동작이 지체되지 않는 것이 중요하다. 이하 모두 이와 같다.)

(2) 좌벽식(左劈式)

좌벽식(左劈式)과 우벽식(右劈式)의 동작은, 본래 무슨 차이가 없고, 다만 오른손 오른발의 동작을 바꾸어 왼손 왼발로써 하며, 왼손 왼발의 동작을 바꾸어 오른손 오른발로써 할 뿐이다. 한 가지 일로부터 다른 것을 미루어 아니, 배우는 사람은 곧 우벽식(右劈式)의 모든 동작 중에서 탐구할 수 있다.

1. (제17도)는 바로 (제16도)의 우벽식(右劈式)이다. 그림 중의 점선 표시에 따라서, 오른손이 주먹을 움켜쥐며, 앞쪽 방향으로부터 아래로 향하다가 안으로 거두어들이며, 하나의 큰 동그라미를 이루고, 명치를

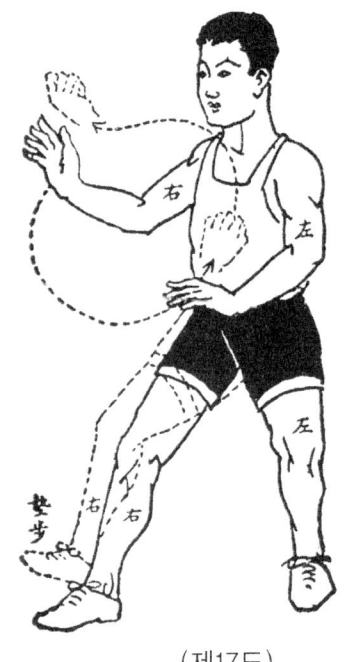

(제17도)

지나 위로 내밀어서, 여전히 원래 방향으로 향하여 '타격하여(打)' 나간다. 그런데 오른손을 거두어들일 때, 다섯 손가락은 먼저 반드시 조금 구부리고, 힘을 들여서 물체를 끌어당기는 모양새를 취하며, 배꼽 옆에 이르면 주먹을 움켜쥐기 시작하여, 명치에 이르러 또한 팔을 우(右)로 비틀어 돌려서, 주먹의 장심(掌心)이 우(右)로 향하고, 주먹이 앞쪽 위 방향으로 향하여 비스듬히 나간다. 그러므로 타격하여 나간 후, 주먹의 엄지손가락 쪽이 밖으로 향하고, 새끼손가락 쪽이 안으로 향하며, 장심(掌心)은 여전히 우(右)로 향하여 치우친다. 동시에 오른발이 앞쪽으로 향해 우(右)로 치우쳐 1보를 밟아 나가며{보(步)는 작아야 하며, 약 5치(15cm) 가량이다}, 보의 명칭을 점보(墊步)라고 부른다. (제18도)와 같다.

2. (제18도)의 점선표시에 따라서, 왼손을 위로 향하여 비틀어 돌리며 주먹을 움켜쥐고(장심이 위로 향한다), 하나의 작은 동그라미를 이루

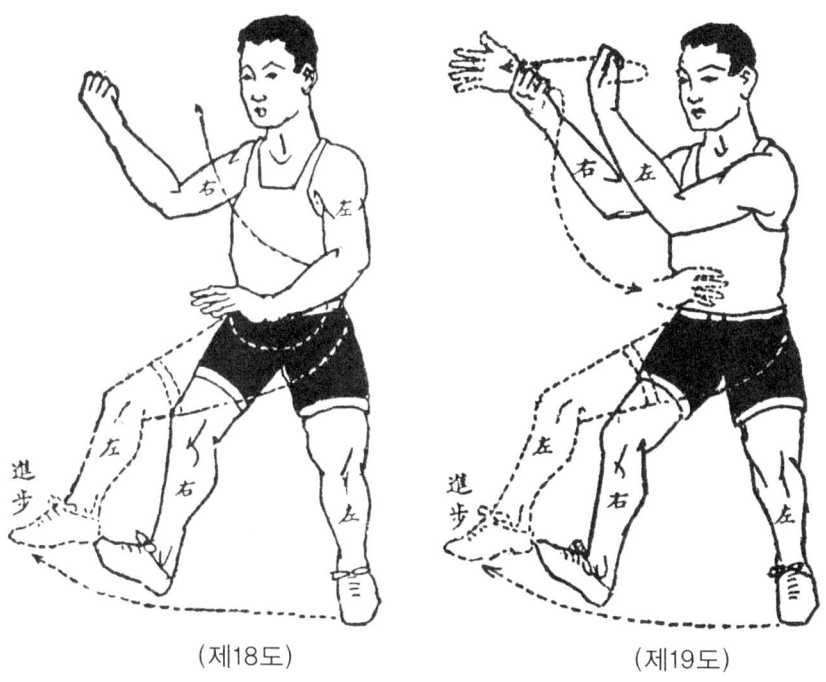

(제18도)　　　　　　　　(제19도)

며, 그리고 명치를 지나 우(右) 위 방향으로 향하여 비스듬히 나가서, 우권(右拳)과 교차하는 모양이 되고{우권(右拳)의 장심(掌心)이 우(右)로 향하고, 좌권(左拳)의 장심(掌心)이 좌(左)로 향한다}, 이때 왼발은 이미 앞으로 향하여 보(步)를 나아가려는 뜻이 있으나, 여전히 억제하여 움직이지 않는다. (제19도)와 같다.

3. (제19도)의 점선표시에 따라서, 동시에 왼손 손목을 우(右)로 비틀어 돌리며 주먹을 펴고, '미는(推)' 자세를 취하여 앞으로 향하여 '후려찍어(劈)' 나가서, 그 높이는 미간과 서로 마주한다. 오른손 손목은 좌(左)로 비틀어 돌리며 주먹을 펴고, 뒤로 끌어당기는 자세를 취하여 아래로 '억눌러서(按)' 배꼽의 오른쪽 옆에 이르러 멈춘다(장심이 아래로 향한다). 동시에 왼발은 앞으로 향하여 1보를 나아가고{보(步)는 반드

(제20도)

시 크며, 곧장 나아감이 화살과 같다}, 왼다리 무릎과 왼발 발꿈치가 하나의 수직선을 이루게 하며, 보의 명칭을 진보(進步)라고 부른다. 즉 좌벽식(左劈式)이 되어, (제20도)와 같다.

(3) 좌우(左右)가 번갈아 나아간다

예비자세로부터 우벽식(右劈式)까지 연습하고, 우벽식(右劈式)부터 좌벽식(左劈式)으로 번갈아 교체하여 전진하며, 연습장소의 한쪽 끝에 이르러 더 나아갈 수 없을 때 뒤쪽으로 향하여 회전하여서, 계속 연습하여 상당한 시간이 되면 멈춘다.

(4) 뒤쪽으로 향하여 회전한다

뒤쪽으로 향하여 회전하는 동작은 좌(左)회전과 우(右)회전으로 나눈다. 예컨대 좌벽식(左劈式)에서 뒤쪽으로 향하려면, 반드시 우(右) 뒤쪽으로 향하여 회전하고, 우벽식(右劈式)에서 뒤쪽으로 향하려면, 반드시 좌(左) 뒤쪽으로 향하여 회전한다.

1) 우(右) 뒤쪽으로 향한 회전

우(右) 뒤쪽으로 향하여 회전하는 동작은, 좌벽식(左劈式)의 자세에서 뒤쪽으로 회전하는 것이다. (제21도)의 점선표시에 따라서, 왼손이 앞쪽 방향으로부터 아래로 향하다가 안으로 거두어들이며 동그라미의 절반을 이루고, 왼쪽 허리 가에 이르러 주먹을 움켜쥐며, 손목은 좌(左)로 비틀어 돌려서, 장심(掌心)이 위로 향하게 하여서 억누른다. 오른손은 주먹을 움켜쥐며 우(右)로 비틀어 돌려서, 역시 장심이 위로 향하게 하여서 오른쪽 허리 가에 멈추고, 양 손은 반드시 동시에 동작한다. 동시에 좌우 양 발은(왼발이 앞에 있고 오른발이 뒤에 있다) 모두 발꿈치

69

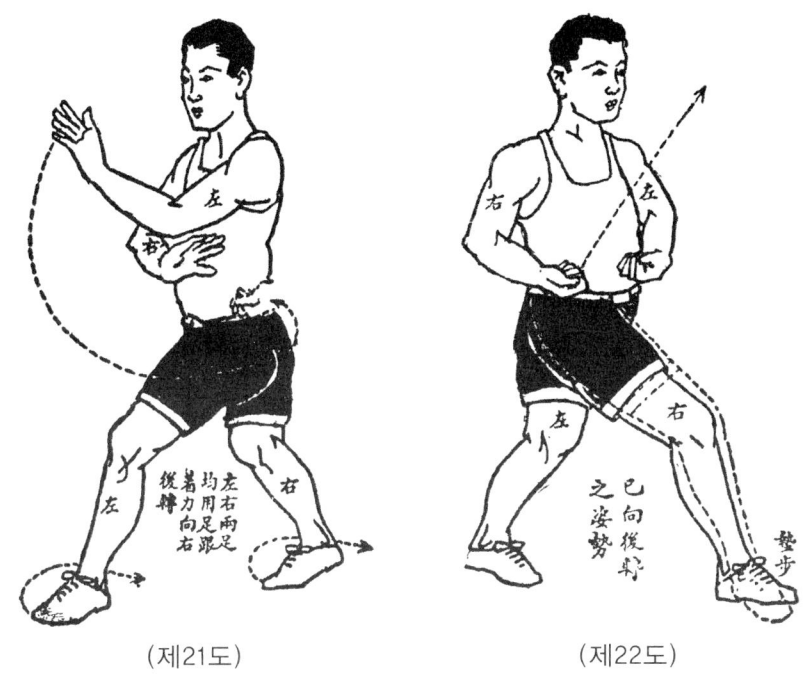

(제21도)　　　　　　　　　　(제22도)

(제21도) 좌우 양 발 모두 발꿈치를 사용하여 힘을 들여서 우(右) 뒤쪽으로 회전한다

(제22도) 이미 뒤쪽으로 회전한 자세

를 사용하여 힘을 들여서, 우(右) 뒤쪽으로 향하여 회전하여, 바로 (제22도)와 같으며, 방향이 이미 바뀌었다.{(제11도) 보세(步勢)를 참고한다}

(제22도)의 점선표시에 따라서, 우권(右拳)이 명치를 지나 앞쪽 위 방향으로 향하여 비스듬히 나가고, 동시에 오른발이 앞쪽으로 향해 우(右)로 치우쳐 작은 1보를 밟아 나가서{점보(墊步)}, (제23도)의 자세가 된다.

(제23도)의 점선표시에 따라서, 좌권(左拳)을 앞쪽 위 방향으로 향하여 우(右)로 치우쳐 타격하여 나가고, 우권(右拳)과 교차하는 형태가 되

(제23도)

(제24도)

며, 이때 왼발은 앞쪽으로 보(步)를 나아가려고 이미 준비하고 있으나 여전히 억눌러서 동작을 취하지 않으며, (제24도)의 자세가 된다.

(제24도)의 자세가 바로 (제19도)의 자세이다. 방향은 바뀌었으나, 동작은 같으므로, (제19도)의 설명에 따라서 동작하면, 바로 또한 좌벽식(左劈式)이 된다. (제25도)와 같다.

(제25도)

2) 좌(左) 뒤쪽으로 향한 회전

좌(左) 뒤쪽으로 향하여 회전하는 동작은, 우벽식(右劈式)의 자세에서 뒤로 회전하는 것이다. (제26도)의 점선표시에 따라서, 오른손이 앞쪽 방향으로부터 아래로 향하다가 안으로 거두어들이며 동그라미의 절반을 이루고, 오른쪽 허리 가에 이르러 주먹을 움켜쥐며, 손목은 우(右)로 비틀어 돌려서, 장심(掌心)이 위로 향하게 하여서 억누른다. 왼손은 주먹을 움켜쥐며 좌(左)로 비틀어 돌려서, 역시 장심이 위로 향하게 하여서 왼쪽 허리 가에 멈춘다(양 손은 반드시 동시에 동작한다). 동시에 좌우 양 발은 모두 발꿈치를 사용하여 힘을 들여서, 좌(左) 뒤쪽으로 향하여 회전하여, 바로 (제27도)와 같으며, 방향이 이미 바뀌었다.{(제

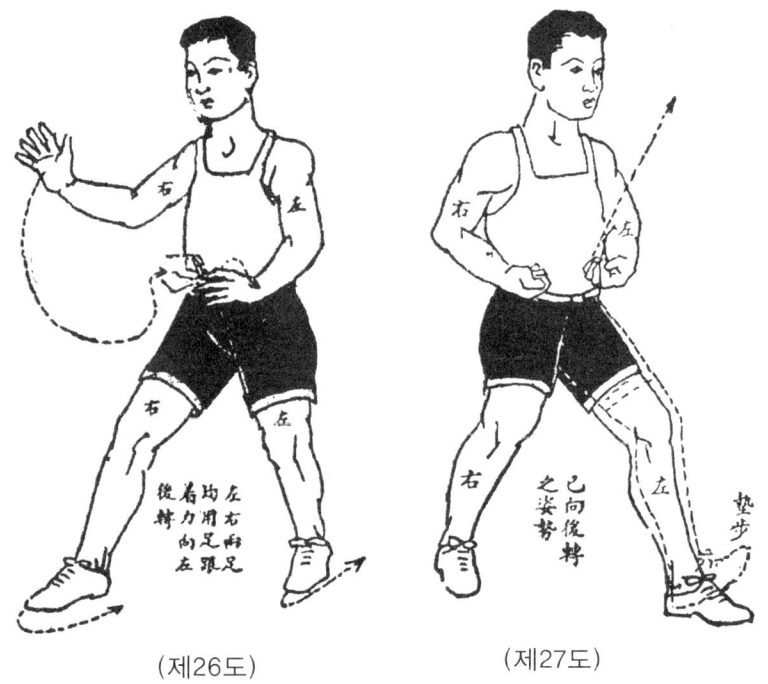

(제26도)　　　　　　　(제27도)

(제26도) 좌우 양 발 모두 발꿈치를 사용하여 힘을 들여서 좌(左) 뒤쪽으로 회전한다

(제27도) 이미 뒤쪽으로 회전한 자세

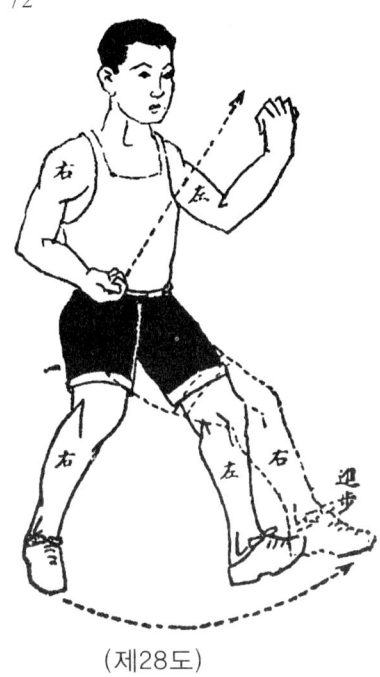

(제28도)

12도) 보세(步勢)를 참고한다}

(제27도)의 점선표시에 따라서, 좌권(左拳)이 명치를 지나 앞쪽 위 방향으로 향하여 비스듬히 나가고, 동시에 왼발이 앞쪽으로 향해 좌(左)로 치우쳐 작은 1보를 밟아 나가서{점보(墊步)}, (제28도)의 자세가 된다.

(제28도)의 점선표시에 따라서, 우권(右拳)을 앞쪽 위 방향으로

(제29도)

(제30도)

향하여 좌(左)로 치우쳐 타격하여 나가고, 좌권(左拳)과 교차하는 형태가 되며, 이때 오른발은 앞쪽으로 보(步)를 나아가려고 이미 준비하고 있으나 여전히 억눌러서 동작을 취하지 않으며, (제29도)의 자세가 된다.

(제29도)의 자세가 바로 (제15도)의 자세이다. 방향은 바뀌었으나, 동작은 같으므로, (제15도)의 설명에 따라서 동작하면, 바로 또한 우벽식(右劈式)이 된다. (제30도)와 같다.

(5) 연습을 멈출 때의 주의사항

어떤 권식을 연습하는지를 막론하고, 상당한 시간동안 연습하여 마칠 때가 되면, 연습하여 이룬 자세를 취하여 반드시 1분가량 동안 정지하여서, 자신이 주의하여 그 잘못된 곳을 바로잡는다. {예컨대 벽권(劈拳)을 연습하여 좌벽식(左劈式)에 이르러 멈추면, 바로 좌벽식(左劈式) 자세를 취하여 정지한다. 기타 이와 같이 한다.}[16]

---

16) 역자註 : 동작이 완성된 자세를 취하여 한동안 정지하여 온몸을 점검하는 수련법은 아주 중요하므로, 독자께서는 수련방법 상의 습관이 되도록 거듭 당부한다. 동작 과정 중의 어느 자세라도 임의로 선택하여 이처럼 정지하여 점검하면서 몸을 단련하며, 특히 일상생활에서는 취하지 않는 생소한 자세는 더욱이 이처럼 수련한다. 권술수련을 하면서 시종 같은 속도로 동작하면, 관성적으로 미끄러지듯 수련하게 되며, 이처럼 하면 미세한 부분까지 철저히 점검하여 바로잡을 수가 없어, 오래 수련하여도 진보하기 어렵고, 다만 남에게 보여주기 위한 권술이 되어버린다.

(6) 자세의 교정

손의 자세

좌벽식(左劈式)이나 우벽식(右劈式)을 막론하고, 손의 자세는 양 손의 손가락을 모두 벌리며, 엄지손가락은 가로져서 평평하고, 식지는 앞으로 내밀며, 호구(虎口 : 엄지와 식지 사이의 손아귀)는 모두 반원형(半圓形)을 이루고, 손가락의 각 관절 모두 반드시 조금 구부리며, 양 눈은 '후려 찍어(劈)' 나간 손의 호구(虎口)를 바라본다.

어깨의 자세

어깨는 반드시 앞으로 '다잡아 억류하는 듯(扣)' 하며 경(勁)을 아래로 내려뜨리면서 느슨히 이완한다.

팔꿈치와 무릎의 자세

'후려 찍어(劈)' 나간 손의 팔꿈치는 반드시 무릎과 직선으로 서로 마주하며, 들쑥날쑥해서는 안 되고, 아래로 끌어당겨 거둔 손과 팔꿈치는 반드시 허리로 향하여 단단히 '감싼다(裹)'. (이하 각 권식 모두 같다)

팔의 자세

어떤 동작이라도 팔은 반드시 호형(弧形)의 모양새를 취하며, 뚜렷이 드러나는 각도를 이루어서는 안 되고, 반드시 곧은 듯하나 곧지 않고 굽은 듯하나 굽지 않아야 비로소 알맞다.

4. 벽권가결(劈拳歌訣)

양 주먹이 품어 안아 입 한가운데에서 나가고, 주먹이 앞쪽 위로 파고 들어 눈썹과 같은 높이다.

兩拳以抱口中去　拳前上攢如眉齊

뒤쪽 주먹이 따라 쫓아서 긴밀히 서로 잇닿고, 양 손이 옆구리를 품어 심장과 같은 높이다.
後拳隨跟緊相連　兩手抱脅如心齊

기(氣)는 신법(身法)에 따라서 단전(丹田)으로 내리고, 양 손을 같이 내리며 뒤쪽 발이 따른다.
氣隨身法落丹田　兩手齊落後脚隨

네 손가락은 벌리며 호구(虎口)는 둥글고, 앞쪽 손은 높낮이가 심장과 같다.
四指分開虎口圓　前手高低與心齊

뒤쪽 손은 다만 옆구리 아래에 감추고, 손끝 발끝 코끝 세 끝이 마주한다.
後手只在脅下藏　手足鼻尖三對尖

새끼손가락을 위로 뒤집어 눈썹과 같은 높이이고, 벽권(劈拳)의 타법은 위로 파고든다.
小指翻上如眉齊　劈拳打法向上攢

손발을 같이 내리며 혀끝은 받쳐 올리고, 보가 나아가며 권식을 바꾸어 음장(陰掌)이 내린다.
脚手齊落舌尖頂　進步換式陰掌落[17]

17) 역자註 : 자세를 취하거나 동작을 할 때, 몸에 무리하게 힘을 들이지 말고, 먼저 온몸이 자연스럽게 조화된 중에 몸의 상하(上下)가 호응하여 따르며, 오직 정신을 집중하여 몸과 동작에 의식이 합치하여서, 온몸이 한 기세(氣勢)를 이루어 정경(整勁)을 수련해내야 한다. 온몸을 긴장하여서 한 기세를 이루는 것이 아니라, 느슨히 이완된 중에 정신을 집중하여서 "정(整 : 완정함 완전무결함)"을 추구한다. 날렵하고 느슨한 중에 차츰 빠르고 맹렬하며 단단하고 충실한 폭발적인 경(勁)을 수련해내면, 내경(內勁)이 생겨나고, 차츰 충만해진다.

"벽권(劈拳)의 수련법은 '벽권(劈拳)은 산을 밀어뜨리는 것과 같다'라고 하며, 몸의 뒤로부터 앞으로 향해 조금씩 천천히 밀며, 미는 것은 힘이 들수록 좋아서, 이처럼 하면 공부(功夫)를 증진할 수 있으며, 그리고 벽권(劈拳)의 타법(打法)은 도끼를 휘두르는 것과 같다고 하며, 산촌 사람들이 도끼를 휘둘러 장작을 패는 것은, 채찍을 휘두르는 것과 같아서, 신속하며 깔끔하게 굳센 경(勁)이 필요하며, 만약 그렇지 않으면 도끼는 다만 나무 안으로 찍어 들어갈 수 있을 뿐이고, 한번에 둘로 쪼갤 수 없다."《흘러간 무림》 P.68

"무엇 때문에 처음에는 벽권(劈拳) 하나를 1년(타고난 자질이 아주 좋고 또한 마침 16~24세인 청춘이 왕성한 시기의 사람도 4개월은 수련해야 한다)이나 수련해야 하는가? 자세를 수련하는 것이 아니고, 타법(打法)을 수련하는 것도 아니고, 힘을 발출하는 것을 수련하는 것이 아님은 분명하다.………왜 맨 먼저 벽권(劈拳)을 수련해야 하는가? 그것이 마침 5행의 첫째 위치에 있기 때문은 아닐 것이다. 왜 벽권(劈拳)을 처음 수련할 때, 가장 바람직한 것은 3·4백 미터를 줄곧 수련하여 갈 수 있는 것이며, 이렇게 넓은 공간이 필요한가? 벽권(劈拳)을 잘 수련하면, 왜 호형(虎形)을 저절로 할 수 있는가? 벽권(劈拳)을 수련하여 완성한 후, 5행의 순서에 따라서 마땅히 붕권(崩拳)을 수련해야 하나, 그런데 왜 연이어 찬권(鑽拳)을 수련해야 하는가?"《흘러간 무림》 P.219~220

"강하다는 것은, 자신의 리듬을 가질 수 있음을 가리키며, 이와 같은 리듬은 춤을 추는 것과 같이 겉으로 드러나는 것이 아니고, 그것은 잠재적인 것이다. 벽권(劈拳)은 형의권의 첫 번째 공부(功夫)이며, 처음부터 바로 이와 같은 잠재적인 리듬을 수련한다. 이와 같은 잠재적인 리듬은, 호흡에서 생겨나오는 것이며, 보법(步法)으로써 호흡을 수련한다. 형의권의 권술원리는 다른 권술과 어긋나서, 각 방면에서 다른 권술과 서로 반대되며, 다른 종류의 권술수련은 외향적이지만, 형의권의 권술수련은 내향적이다. 다른 종류의 권술은, 주먹이 나갈 때 힘을 쓰며, 숨을 맹렬하게 내쉴수록 주먹이 더욱 맹렬하게 나간다. 그러나 형의권은 내쉬는(呼) 숨을 수련하지 않고, 들이마시는(吸) 숨을 수련해야 한다. 주먹이 나갈 때 힘을 쓰지 않고, 아주 가볍고 아주 완만하게 손짓하여 나가면 되니, 이러한 동작은 내쉬는 숨이 반드시 아주 가볍고 아주 완만해지게 한다. 그러나 주먹을 거두어들일 때, 힘을 써야 하며, 숨을 조금 맹렬하게 들이마신다. 동작이 '가볍게 나가고 무겁게 거두어들이도록(輕出重收)' 하면, 호흡은 자연히 '가볍게 내쉬고 무겁게 들이마시며, 길게 내쉬고 짧게 들이마시게(輕呼重吸, 長呼短吸)' 된다."《흘러간 무림》P.99~100

"무술을 수련할 때 들이마시는(吸) 숨을 수련하면, 정말로 무예를 겨룰 때가 되어서는, 곧 들이마시는 숨은 없고, 오직 내쉬는(呼) 숨만 있어, 당신이 숨을 들이마시면 바로 틈탈 허점이 생긴다. 연속하여 끊임없이 진공(進攻)하려면, 연속하여 끊임없이 숨을 내쉬며, 당신이 한 숨에 모두 내쉬어버리면, 즉시 후경(後勁 : 뒷심)이 없어진다."《흘러간 무림》P.101

"벽권을 할 때, 수심(手心)이 빨아들여 흡수하여야 하며, 마찬가지로 각심(脚心 : 足心)도 빨아들여 흡수하여야 한다."《흘러간 무림》P.236

제2로(第二路) 찬권(鑽拳)

찬권(攢拳)은 수(水)에 속하며, 그 기(氣)의 운행은 마치 물이 완곡하게 굽이지며 흘러서 도달하지 않는 곳이 없는 것과 같다. 배 안에서는 바로 신(腎)에 속하고, 권(拳)에서는 곧 찬(攢 : 鑽)[18]이다. 찬권의 연습이 방법에 맞으면 기(氣)가 '조화되어(和)' 신(腎)이 넉넉하나, 방법이 맞지 않으면 기(氣)가 '어긋나고(乖)' 신(腎)이 허(虛)해진다. 기(氣)가 어긋나고 신(腎)이 허(虛)하면 곧 맑은 기(氣)가 상승할 수 없고, 탁한 기(氣)가 하강할 수 없어, 권(拳)의 진정한 경(勁) 또한 생겨날 수 없다. 배우는 사람은 응당 이를 알아야 한다.

1. 예비자세(預備姿勢)

벽권(劈拳)과 같다. {즉 (제1도)부터 (제9도)까지의 동작이다.}

2. 찬권(攢拳)의 보세(步勢)

찬권(攢拳)과 찬권(攢拳)의 뒤쪽으로 향하여 회전하는 보세(步勢)는, 벽권(劈拳)과 완전히 꼭 같다. 그러므로 (제31도)는 바로 (제10도)이며, (제32도)와 (제33도)는 바로 (제11도)와 (제12도)이다.

---

18) 역자註 : 찬(攢 혹은 鑽)은 뚫고 들어가거나 꿰뚫어 관통하거나 찔러 파고드는 동작이다.

(제31도)

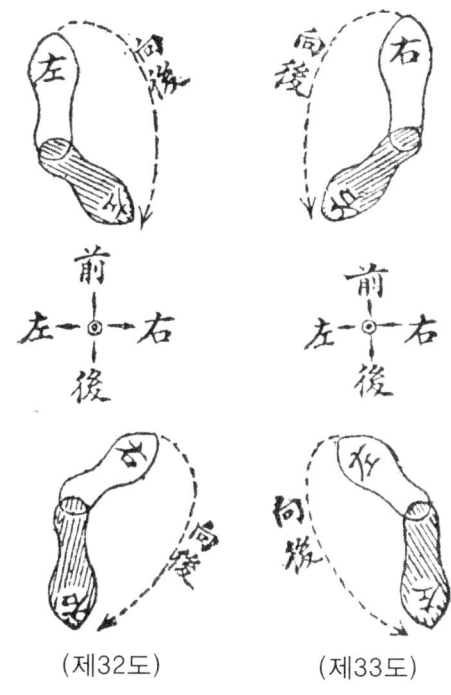

(제32도)　　　　(제33도)

(제31도) 찬권보세(攢拳步勢) 1
앞으로 향하여 직선으로 나아간다

(제32도) 찬권보세(攢拳步勢) 2
우(右) 뒤쪽으로 향하여 회전한다

(제33도) 찬권보세(攢拳步勢) 3
좌(左) 뒤쪽으로 향하여 회전한다

3. 찬권(攢拳)의 동작

(1) 우찬식(右攢式)

(제34도)가 바로 예비자세의 (제9도)이다.

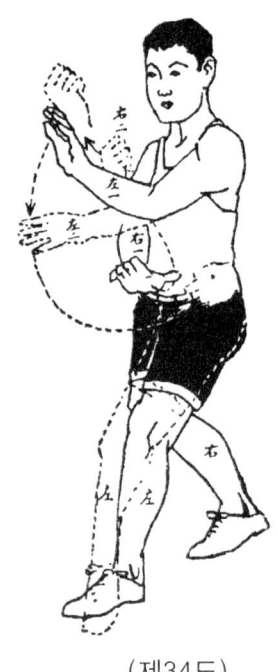

(제34도)

1. (제34도)의 점선표시에 따라서, 동시에 왼손은 반원형(半圓形)을 이루며, 앞쪽 방향으로부터 안으로 향해 우(右)로 치우치며 아래로 거두어들이고, 오른손은 주먹을 움켜쥐며 밖으로(즉 右로) 비틀어 돌려서 장심(掌心)이 위로 향하게 하여, 명치를 지나 위 앞쪽 방향으로 향하여 비스듬히 나간다.{이때 장심은 이미 안으로 향하고, (제6도)의 권식과 같다} 그런데 왼손을 거두어들여 「左2」의 점선 수형(手形)에 이르고, 우권(右拳)을 타격하여 나가서 「右2」의 점선 권형(拳形)에 이를 때,{이때 우권(右拳)이 마침 왼팔과 만나며, 우권(右拳)은 더욱 더 반드시 왼팔

의 한가운데에서 위로 향하여 타격하여 나간다.}19) 왼발이 곧 앞쪽으로 향하여 좌(左)로 치우쳐 1보를 '한발뛰기(墊)'로 나가서, 바로 (제35도)의 자세가 된다.

(제35도)

2. (제35도)의 점선표시에 따라서, 좌우 손이 계속하여 동작한다.(앞 그림에 바로 연이어서 동작하며, 중간에 지체해서는 안 된다.) 왼손은 「左2」를 지나서 거두어들여 왼쪽 허리 가의 「左3」 점선 권형(拳形)인

---

19) 역자註 : 한가운데의 중간노선으로 타격해야만 '온몸의 중량을 주먹에 실을(全身重量上拳頭)' 수 있다. 그러므로 주먹이 나가서 타격하는 것은 결국 온몸이 나가며 타격해야 하는 것이고, 타격할 때 온몸이 한 기세(氣勢)를 이루어야 하며, 이것이 경정(勁整: 온몸의 경이 완전무결하게 일체를 이룸)이다. 그러므로 평소의 수련 시에 언제나 배와 허리 부위를 운용하여 타격하는 습관을 들이면 곧 온몸을 운용하여 타격할 수 있다.

(제36도)

곳에 이르러 주먹을 움켜쥔다.[20] (장심이 아래로 향한다) 우권(右拳)은 「右2」를 지나 계속하여 위로 향하여 비스듬히 나가서, 「右3」 점선 권형(拳形)에 이르러 멈춘다. 동시에 오른발은 앞쪽으로 향하여 큰 1보를 나아가고, 오른다리 무릎과 오른발 발꿈치가 하나의 수직선을 이루게 하여서 {(제15도)의 진보(進步)와 같다}, 바로 우찬식(右攢式)이 된다. (제36도)와 같다.[21]

20) 역자註 : 왼손을 왼쪽 허리 옆으로 거두어들일 때, 먼저 왼팔 팔꿈치를 가능한 몸 중앙으로 이끌며 옆구리로 바짝 접근시키면서 끌어당겨 거두고, 이와 동시에 우권(右拳)을 앞으로 '파고들어(攢)' 나갈 때도 오른팔 팔꿈치를 옆구리에 바짝 접근시키면서 나간다. 팔꿈치의 운용은 옆구리를 떠나지 않는다.

21) 역자註 : 우찬식(右攢式)이 완성된 자세의 우권(右拳)은 벽권(劈拳) 중의 동작과 마찬가지로 오른팔 손목을 우(右)로 즉 밖으로 최대한 비틀어 돌리며 식지의 근절(根節)에 힘을 집중한다. 팔을 밖으로 비틀어 돌리는 동작이 바로 소위 전사(纏絲)이고, 순전(順纏)이며, 왼손은 안으로 비틀어 돌리는 역전(逆纏)을 하여서 권심(拳心 : 장심)이 아래로 향하고, 특히 왼손이 몸쪽으로 향하도록 손목을 안으로 꺾는다. 이처럼 비틀어 돌리는 동작은 팔뿐만 아니라 온몸에서 그러하며, 그림 35에서 왼발 발끝을 밖으로 돌려 벌리면서 왼다리를 비틀어 돌리며 내딛는 것도 다리의 전사(纏絲)이다.

"어느날 큰 마차 한 대가 당(唐) 노사를 가로막았다. 그 마차의 마부

(2) 좌찬식(左攢式)

좌찬식(左攢式)과 우찬식(右攢式)의 구별은, 좌우 손과 좌우 발의 동작을 서로 바꿀 뿐이다. 그러므로 우찬식(右攢式)을 이미 익힌 사람은, 좌찬식(左攢式)의 동작을 우찬식(右攢式) 중에서 알 수 있다.

1. (제37도)는 즉 (제36도)의 우찬식(右攢式)이다. 우찬식(右攢式)부터 연습하여 좌찬식(左攢式)까지 하려면, 먼저 그림 중의 점선표시에 따라서, 우권(右拳)을 펴는 동시에, 손목을 좌(左 : 즉 안으로)로 비틀어 돌리고,{만약 좌찬식(左攢式)부터 우찬식(右攢式)까지 연습하려면, 좌권(左拳)을 펴며 손목을 우(右)로 비틀어 돌린다} 반원형(半圓形)을 이루며 앞쪽 방향으로부터 안으로 향해 좌(左)로 치우치며 아래로 거두어들이고, 왼손은 주먹을 움켜쥐며 밖으로(즉 左로) 비틀어 돌려서 장심(掌心)이 위로 향하게 하여, 명치를 지나 위 앞쪽 방향으로 향하여 비스듬히 나간다.(이때 장심은 이미 안으로 향한다) 그런데 오른손을 거두어들여

는 권술을 수련한 사람이었고, 마차의 난간에는 쇠고리 하나가 있었는데, 마부가 팔을 쇠고리에 부딪치자, 쇠고리가 비뚤어져 버렸다. 그가 묻기를; '당(唐) 사부님, 당신은 쇠고리를 부딪쳐 다시 되돌릴 수 있습니까?' 당(唐) 노사가 말하기를; '당신의 팔이 무쇠보다 더 단단하니, 내가 쇠고리에 부딪칠게 아니라 당신 팔에 부딪쳐 보겠소!'라고 하면서 한번 부딪치니 곧 마부가 연방 아프다고 소리치며, 당(唐) 노사의 팔을 보면서 어리둥절하였다. 당(唐) 노사가 말하기를; '당신의 팔이 부딪쳐 올 때, 내 팔이 한차례 비틀어 돌렸는데, 말하자면 우리 둘이 팔을 부딪친 것이나, 사실은 내가 당신 팔을 타격한 것이오.' 후에 당(唐) 노사가 거듭 제자들에게 설명하였는데, 이렇게 비틀어 돌리는 것은 팔에서 그러해야 할 뿐만 아니라, 또한 몸에서도 그러해야 하며, 끊임없이 비틀어 돌리면서 오고 비틀어 돌리면서 가야만 곧 힘을 발휘할 수 있다. 형의권의 힘을 발휘하는 방법은 직선적이 아니다."《흘러간 무림》 P.51~52

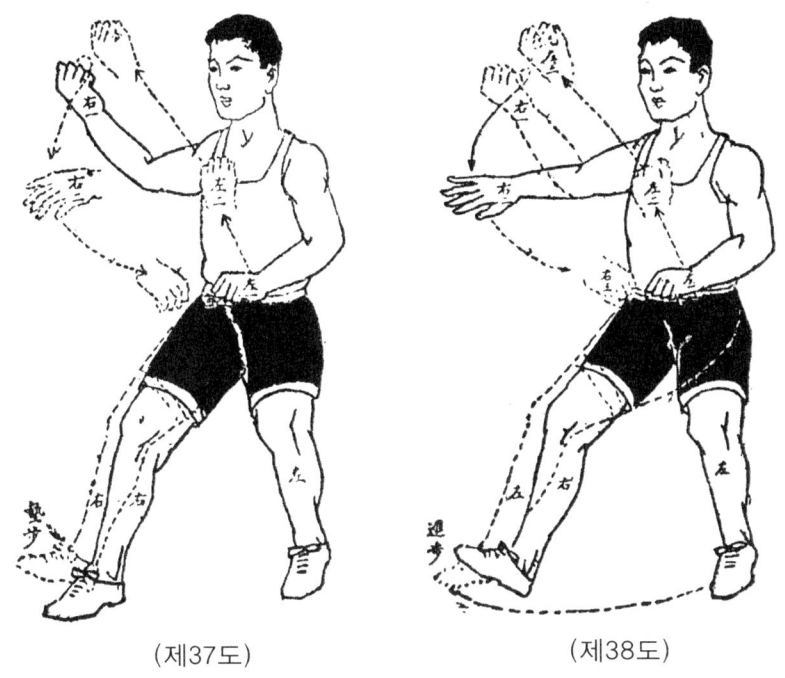

(제37도)　　　　　　(제38도)

「右2」의 점선 수형(手形)에 이르고, 좌권(左拳)을 타격하여 나가서「左2」의 점선 권형(拳形)에 이를 때,{이때 좌권(左拳)이 마침 오른팔과 만나며, 좌권(左拳)은 더욱 더 반드시 오른팔의 한가운데에서 위로 향하여 타격하여 나간다.} 오른발이 곧 앞쪽으로 향하여 우(右)로 치우쳐 1보를 '한발뛰기(墊)'로 나가서,{(제17도)의 점보(墊勢)와 같다} 바로 (제38도)의 자세가 된다.[22]

2. (제38도)의 점선표시에 따라서, 좌우 손이 계속하여 동작한다.(앞그림에 바로 연이어서 동작하며, 중간에 지체해서는 안 된다) 오른손은

---

22) 역자註 : (제38도)에서 좌권(左拳)은 이미 「좌2」 점선 권형(拳形)의 위치에 있어야 할 것이다.

「右2」를 지나서 거두어들여 오른쪽 허리 가의 「右3」점선 권형(拳形) 위치에 이르러 주먹을 움켜쥔다.(장심이 아래로 향한다) 좌권(左拳)은「左2」를 지나 계속하여 위로 향하여 비스듬히 나가서,「左3」점선 권형(拳形)에 이르러 멈춘다. 동시에 왼발은 앞쪽으로 향하여 큰 1보를 나아가고, 왼다리 무릎과 왼발 발꿈치가 하나의 수직선을 이루게 하여서{(제19도)의 진보(進步)와 같다}, 바로 좌찬식(左攢式)이 된다. (제39도)와 같다.

(제39도)

(3) 좌우(左右)가 번갈아 나아간다

예비자세로부터 우찬식(右攢式)까지 연습하고, 우찬식(右攢式)부터 좌찬식(左攢式)으로 번갈아 교체하여 전진하며, 연습장소의 한쪽 끝에 이르러 더 나아갈 수 없을 때 뒤쪽으로 향하여 회전하여서, 계속 연습하여 상당한 시간이 되면 멈춘다.

(4) 뒤쪽으로 향하여 회전한다

뒤쪽으로 향하여 회전하는 동작은 좌(左)회전과 우(右)회전으로 나눈다. 예컨대 좌찬식(左攢式)에서 뒤쪽으로 향하려면, 반드시 우(右) 뒤쪽

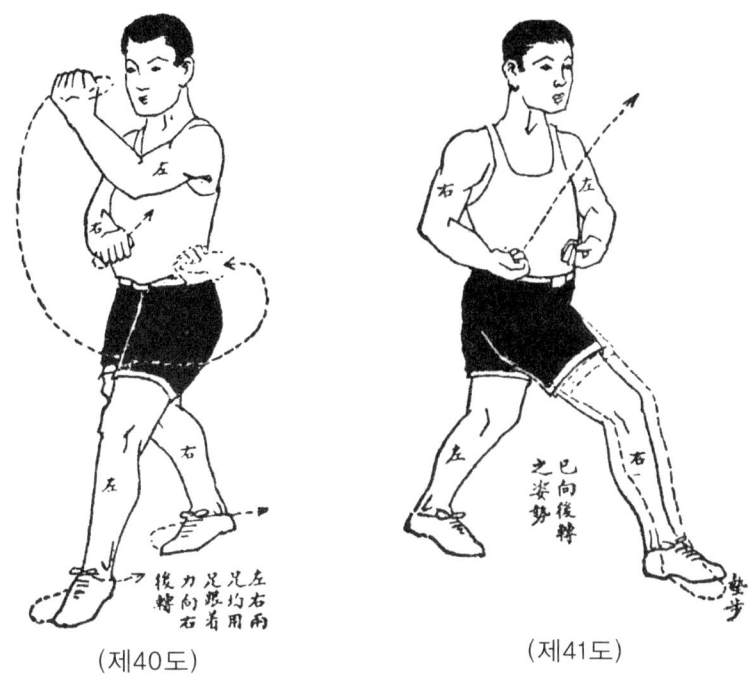

(제40도)　　　　　　　(제41도)

(제40도) 좌우 양 발 모두 발꿈치를 사용하여 힘을 들여서 우(右) 뒤쪽으로 회전한다

(제41도) 이미 뒤쪽으로 회전한 자세

으로 향하여 회전하고, 우찬식(右攢式)에서 뒤쪽으로 향하려면, 반드시 좌(左) 뒤쪽으로 향하여 회전한다.

1. 우(右) 뒤쪽으로 향한 회전

우(右) 뒤쪽으로 향하여 회전하는 동작은, 좌찬식(左攢式)의 자세에서 뒤쪽으로 회전하는 것이다. (제40도)의 점선표시에 따라서, 좌권(左拳)이 앞쪽 방향으로부터 아래로 향하다가 안으로 거두어들이며 동그라미의 절반을 이루고, 왼쪽 허리 가에 이르러 손목을 좌(左)로 비틀어 돌려서, 장심(掌心)이 위로 향하게 하여서 억누른다. 우권(右拳)은 우

(右)로 비틀어 돌려서, 역시 장심이 위로 향하게 하여서 원래 위치에 누른다(양 손은 반드시 동시에 동작한다). 동시에 좌우 양 발은(왼발이 앞에 있고 오른발이 뒤에 있다) 모두 발꿈치를 사용하여 힘을 들여서, 우(右) 뒤쪽으로 향하여 회전하여, 바로 (제41도)와 같으며, 방향이 이미 바뀌었다.{(제32도) 보세(步勢)를 참고한다}

(제41도)의 점선표시에 따라서, 우권(右拳)이 명치를 지나 앞쪽 위 방향으로 향하여 비스듬히 나가고, 동시에 오른발이 앞쪽으로 향해 우(右)로 치우쳐 한발뛰기로 작은 1보를 나가서{점보(墊步)}, (제42도)의 자세가 된다.

(제42도)

(제42도)의 점선표시에 따라서, 좌권(左拳)의 장심(掌心)이 안으로 향하고, 명치를 지나 앞쪽 위 방향으로 향하여 비스듬히 나간다. 우권(右

(제43도)

拳)을 펴면서, 오른손 손목을 좌(左)로 비틀어 돌리며, 앞쪽 방향으로부터 안으로 향하고 좌(左)로 치우쳐 아래로 거두어들여서, 오른쪽 허리 가의 「右3」 점선 권형(拳形) 위치에 이르러 주먹을 움켜쥐며 멈춘다.{(제37도)의 손의 동작과 같다} 동시에 왼발은 앞쪽으로 향하여 큰 1보를 나아가서{진보(進步)}, 다시 좌찬식(左攢式)이 된다. (제43도)와 같다.

2. 좌(左) 뒤쪽으로 향한 회전

좌(左) 뒤쪽으로 향하여 회전하는 동작은, 우찬식(右攢式)의 자세에서 뒤로 회전하는 것이다. (제44도)의 점선표시에 따라서, 우권(右拳)이 앞쪽 방향으로부터 아래로 향하다가 안으로 거두어들이며 동그라미의 절반을 이루고, 오른쪽 허리 가에 이르며, 손목을 우(右)로 비틀어 돌려서, 장심(掌心)이 위로 향하게 하여서 억누른다. 좌권(左拳)은 좌(左)로 비틀어 돌려서, 역시 장심이 위로 향하게 하여서 원래 위치에 억누른다 (양 손은 반드시 동시에 동작한다). 동시에 좌우 양 발은(오른발이 앞에 있고, 왼발이 뒤에 있다) 모두 발꿈치를 사용하여 힘을 들여서, 좌(左) 뒤쪽으로 향하여 회전하여, 바로 (제45도)와 같으며, 방향이 이미 바뀌었다.{(제33도) 보세(步勢)를 참고한다}

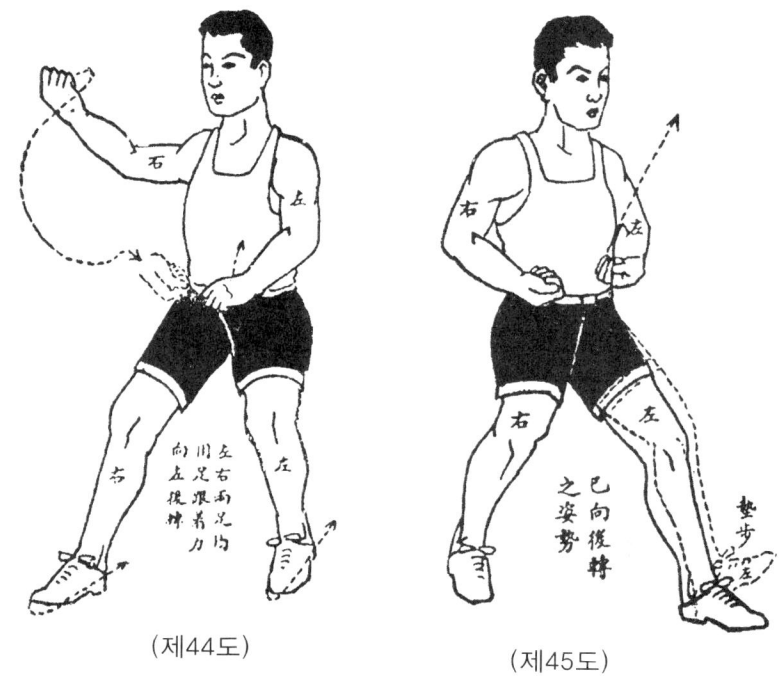

(제44도)　(제45도)

(**제44도**) 좌우 양 발 모두 발꿈치를 사용하여 힘을 들여서 좌(左) 뒤쪽으로 회전한다

(**제45도**) 이미 뒤쪽으로 회전한 자세

(제45도)의 점선표시에 따라서, 좌권(左拳)이 명치를 지나 앞쪽 위 방향으로 향하여 비스듬히 나가고, 동시에 왼발이 앞쪽으로 향해 좌(左)로 치우쳐 한발뛰기로 작은 1보를 나가서{점보(墊步)}, (제46도)의 자세가 된다.

(제46도)의 점선표시에 따라서, 우권(右拳)의 장심(掌心)이 안으로 향하고, 명치를 지나 앞쪽 위 방향으로 향하여 비스듬히 나간다. 좌권(左拳)을 펴면서, 왼손 손목을 우(右)로 비틀어 돌리며, 앞쪽 방향으로부터 안으로 향하고 우(右)로 치우쳐 아래로 거두어들여서, 왼쪽 허리 가의

「左3」 점선 권형(拳形) 위치에 이르러 주먹을 움켜쥐며 멈춘다.{(제35도)의 손의 동작과 대략 같다} 동시에 오른발은 앞쪽으로 큰 1보를 나아가서{진보(進步)}, 다시 우찬식(右攢式)이 된다. (제47도)와 같다.

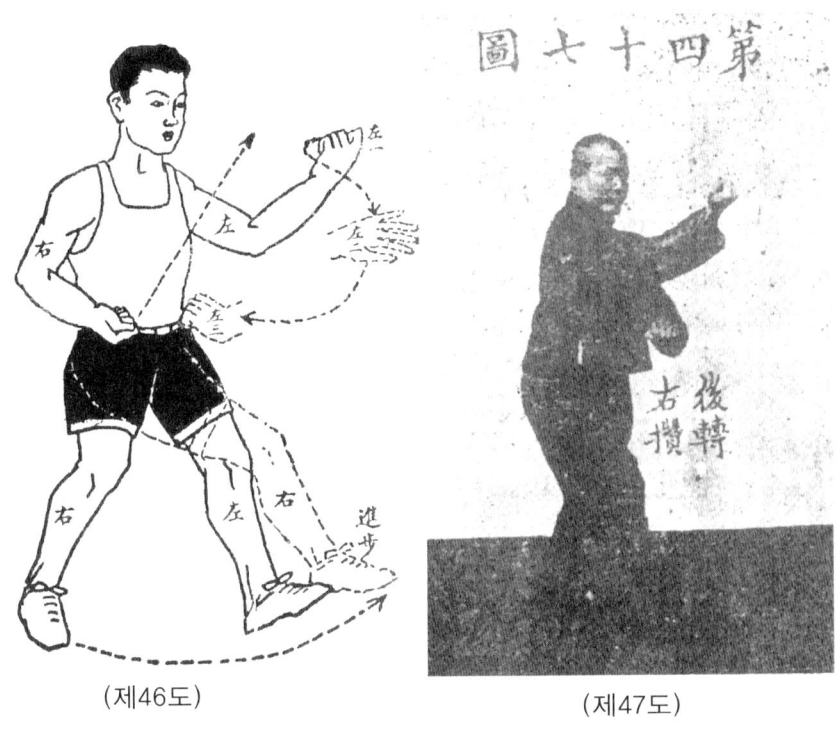

(제46도)　　　　　　　　(제47도)

(5) 연습을 멈출 때의 주의사항

벽권(劈拳)과 같다.

(6) 자세의 교정

찬권(攢拳)의 자세는 벽권(劈拳)과 대략 같으나, 다만 다음 두 가지 사항을 응당 가장 주의해야 한다.

1. 찬권(攢拳)의 점보(墊步)와 진보(進步)는 반드시 동작이 민첩해야 하며, 벽권(劈拳)처럼 조금 여유 있게 하는 것과는 다르다. 찬권(攢拳)에서 한쪽 주먹을 방금 위로 내밀고, 한쪽 주먹을 방금 아래로 거두어들이는 사이에, 한쪽 발은 곧 반드시 '한발뛰기(墊步)'를 하며, 양 손이 가슴 앞에서 교차할 때에 이르러, 점보(墊步)는 이미 완성하고, 다른 한 발은 또 반드시 진보(進步)한다. 이와 같아야 비로소 손발의 동작이 서로 연결되어서 가지런히 일치한다.

  2. 한쪽 주먹을 아래로 거두어들이며 한쪽 주먹을 위로 내밀어 나갈 때, 위로 내미는 주먹은 반드시 거두어들이는 주먹의 팔 안에서 위로 향하여 '파고들어(攢)' 나가야만(반드시 거두어들이는 손의 손등 위를 지나며 나가야 한다) 자세가 비로소 들어맞는다.

  또한 위로 파고들어 나가는 주먹은, 그 높이가 눈썹과 같고, 주먹의 엄지손가락 쪽이 바깥쪽으로 치우치며, 새끼손가락 쪽은 안쪽으로 치우치고, 거두어들인 주먹은 장심(掌心)이 아래로 향하며, 배꼽 옆에 억누른다.{좌권(左拳)은 배꼽의 왼쪽 옆에 억누르고, 우권(右拳)은 배꼽의 오른쪽 옆에 억누른다}

  파고들어 나가서 새끼손가락은 또한 위로 뒤집어야 하며, 눈은 주먹을 주시한다.

4. 찬권가결(攢拳歌訣)

  앞쪽 손은 음장(陰掌 : 장심이 아래로 향한다)이며 아래로 억류하고, 뒤쪽 손은 양권(陽拳 : 장심이 위로 향한다)이며 위로 파고든다.
  前手陰掌向下扣　　後手陽拳望上攢

주먹을 나가며 높이 파고들어 눈썹과 같은 높이이고, 양 팔꿈치는 심(心)을 품어 안고 뒤쪽 발을 일으킨다.

出拳高攢如眉齊　兩肘抱心後脚起

눈은 앞쪽 주먹을 바라보며 조금 멈춘 듯하고, 주먹을 파고들어 권식을 바꾸며 신법(身法)으로 동작한다.

眼看前拳似稍停　攢拳換式身法動

앞쪽 발이 먼저 보(步)를 옮기며 뒤쪽 발이 따르고, 뒤쪽 손은 음장(陰掌)으로 팔꿈치 아래에 감춘다.

前脚先步後脚隨　後手陰掌肘下藏

보(步)를 내리면 언제나 손끝 발끝 코끝 세 끝이 마주해야 하고, 앞쪽 손은 양권(陽拳)으로 코끝을 때린다.

落步總要三尖對　前手陽拳打鼻尖

새끼손가락을 위로 뒤집고 팔꿈치는 심(心)을 보호하고, 주먹을 파고들며 보(步)가 나아가고 코끝을 때린다.

小指翻上肘護心　攢拳進步打鼻尖

앞쪽 장(掌)은 손목을 억류하여 아래로 가로지고, 보(步)를 나아가며 장(掌)이 뒤집어 범을 때려잡듯 밀어 올린다.

前掌扣腕望下橫　進步掌翻打虎托

제3로(第三路) 붕권(弸拳)

붕권(弸拳)은 목(木)에 속하고, 양 손이 오고가는 동작은 화살이 잇달아 끊이지 않고 나가는 듯하니, 한 기(氣)의 '늘었다 줄었다(伸縮)' 함이다. 배 안에서는 곧 간(肝)에 속하고, 권(拳)에서는 곧 붕(弸)이다. 만약 붕권(弸拳)의 연습방법이 알맞으면 곧 기(氣)를 진정시키고 간(肝)을 편하게 하며 정신(精神 : 원기 활력)이 생겨나고 근골(筋骨)이 강해지며 뇌력(腦力 : 지력 사고력)을 북돋우니, 이로움이 많다.

1. 예비자세(預備姿勢)

벽권(劈拳)과 같다. {즉 (제1도)부터 (제9도)까지의 동작이다.}

2. 붕권(弸拳)의 보세(步勢)

붕권(弸拳)의 보세(步勢)는, 예비보세를 제외하고는 일직선으로 앞으로 향해 진행하는 동작이다. 먼저 진보(進步)하고, 바로 '보를 좇아 따르며(跟步)', '나아가는 보(進步)'는 모두 왼발이고, '좇아 따르는 보(跟步)'는 모두 오른발이며, 그 방법은 아주 간단하여서, 이를 배우기 쉽다. 다만 뒤쪽으로 향하여 회전하는 보세(步勢)는, 회전할 때 오른발을 반드시 공중으로 들어올리기 때문에 배우기가 비교적 어렵다.

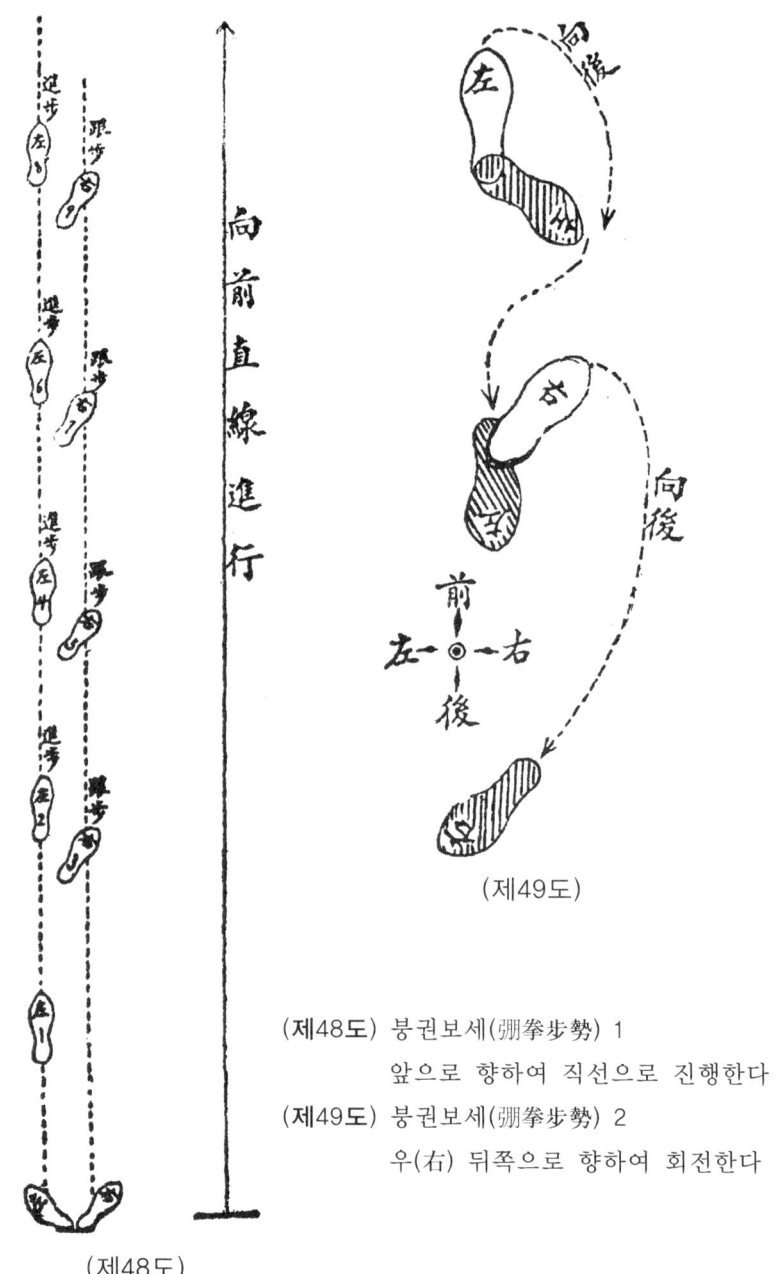

(제48도) 붕권보세(弸拳步勢) 1
앞으로 향하여 직선으로 진행한다

(제49도) 붕권보세(弸拳步勢) 2
우(右) 뒤쪽으로 향하여 회전한다

3. 붕권(挷拳)의 동작

(1) 우붕식(右挷式)

(제50도)는 즉 예비자세의 (제9도)이다. 붕(挷)이란 것은 활이 팽팽한 것과 같다. 앞쪽으로 내뻗은 팔은 화살을 누르는 듯하고, 뒤쪽의 굽힌 팔은 활시위를 당기는 듯하다. 보세(步勢)는 변하지 않으나, 다만 팔의 내밀고 움츠림으로써 좌우(左右)를 나누며, 왼팔을 내미는 것을 좌붕(左挷)이라 부르고, 오른팔을 내미는 것을 우붕(右挷)이라 부른다.

1. (제50도)의 점선표시에 따라서, 왼손이 주먹을 움켜쥐며 앞쪽으로 내밀고, 장심(掌心)이 우(右)로 향한다. 오른손은 주먹을 움켜쥐며 밖으로 비틀어 돌려서, 장심이 위로 향하게 하여, (제51도)와 같다.

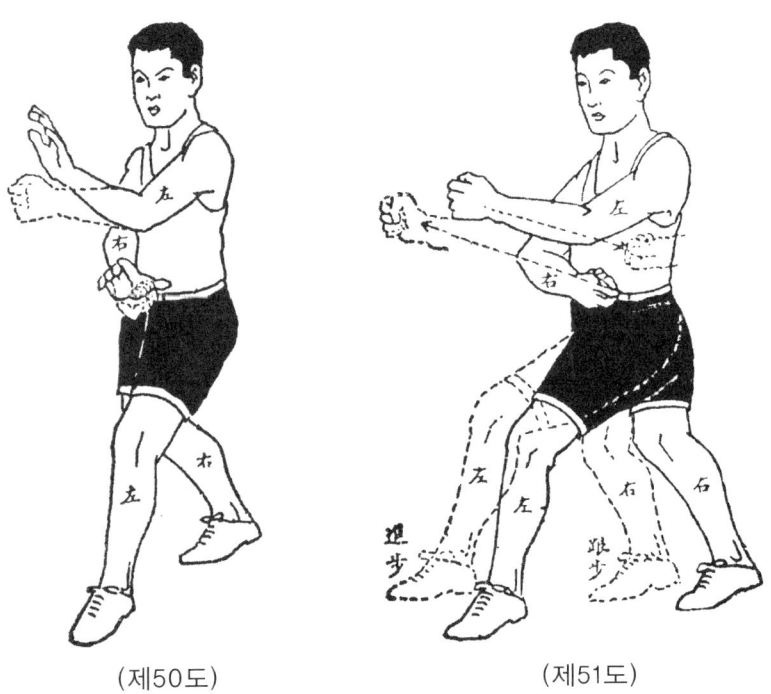

(제50도)　　　　　(제51도)

(제52도)

2. (제51도)의 점선표시에 따라서, 왼팔 팔꿈치를 뒤쪽으로 굽히며, 좌권(左拳)을 거두어들여 장심이 위로 향하게 하여서, 왼쪽 허리 가에 '억누른다(按)'. 우권(右拳)은 좌(左)로 비틀어 돌려서 장심이 좌(左)로 향하게 하며, 앞쪽 방향으로 향하여 평평하게 나가고, 팔꿈치는 반드시 조금 구부려야 하며, 너무 곧게 펴서는 안 되고, 주먹은 명치와 같은 높이이며, 또한 주먹의 엄지손가락이 조금 앞쪽으로 향하도록 뒤집는다.(양 손이 반드시 동시에 같이 동작한다)[23] 동시에 왼발이 앞쪽으로 1보를 나아가며(발끝이 앞쪽으로 향하여 곧바르다), 오른발은 뒤쫓아서 1보를 따라 나아가고{발끝이 우(右)로 향하여 비스듬히 가로진다}, 따라 나아갈 때 발은 높이 들어올려서는 안 되며, 반드시 지면을 스치며 나아가서, 우붕식(右掤式)이 된다.[24] (제52도)와 같다.

---

[23] 역자註 : 엄지손가락이 앞쪽으로 향하도록 뒤집는 것은, 앞쪽으로 향한 주먹의 앞쪽 권면(拳面)이 조금 앞쪽으로 숙여지도록 손목을 조금 꺾는 것이며, 허리 가의 왼손 주먹도 동시에 안쪽으로 조금 꺾어 들인다. 주먹을 타격할 때 식지와 중지의 근절(根節)에 힘을 집중한다.

[24] 역자註 : "앞발을 밖으로 꺾어 돌려 크게 내딛는 보(步)는 형의권의 큰 보자(步子)이고, 또한 작은 보자(步子)가 있는데, 바로 붕권보(崩拳步)이다. 붕권보(崩拳步)는 매우 미묘하며, 보자(步子)가 오로지 앞으로 향하고, 양 무릎은 좁혀 죄는 것이나, 그러나 다리의 뿌리 안쪽(샅 부위)

(2) 좌붕식(左掤式)

좌붕식(左掤式)은 우붕식(右掤式)과 보세(步勢)가 꼭 같으나, 다만 주먹의 오고감이 서로 그 동작을 바꿀 뿐이다.

1. (제53도)의 자세는 즉 (제52도)의 우붕식(右掤式)이다. 그림 중의 점선표시에 따라서, 오른팔 팔꿈치를 뒤쪽으로 굽히며, 우권(右拳)을 거두어들여 장심이 위로 향하게 하여서, 오른쪽 허리 가에 '억누른다(按)'. 좌권(左拳)은 우(右)로 비틀어 돌려서 장심이 우(右)로 향하게 하며, 앞

(제53도)　　　　　　(제54도)

에 활발하게 움직이는 기세(氣勢)를 끼워 넣듯이 갖추어, 약간만 조정하면, 곧 언제나 마음대로 방향을 전환하거나 경(勁)을 전환할 수 있다. 그러므로 붕권(崩拳)은 미묘하다."《흘러간 무림》 P.113

쪽 방향으로 향하여 평평하게 나가고, 팔꿈치는 반드시 조금 구부려야 하며, 너무 곧게 펴서는 안 되고, 주먹은 명치와 같은 높이이며, 또한 주먹의 엄지손가락이 조금 앞쪽으로 향하도록 뒤집는다.(양 손이 동시에 같이 동작한다) 동시에 왼발이 앞쪽으로 1보를 나아가며(발끝이 앞쪽으로 향하여 곧바르다), 오른발은 뒤쫓아서 1보를 따라 나아가고{발끝이 우(右)로 향하여 비스듬히 가로진다), 따라 나아갈 때 발은 높이 들어 올려서는 안 되며, 반드시 지면을 스치며 나아가서, 좌붕식(左掤式)이 된다. (제54도)와 같다.

(3) 좌우(左右)가 번갈아 나아간다

예비자세로부터 우붕식(右掤式)까지 연습하고, 우붕식(右掤式)부터 좌붕식(左掤式)으로 번갈아 교체하여 전진하며, 연습장소의 한쪽 끝에 이르러 더 나아갈 수 없을 때 뒤쪽으로 향하여 회전하여서, 계속 연습하여 상당한 시간이 되면 멈춘다.

(4) 뒤쪽으로 향하여 회전한다

붕권(掤拳)의 뒤쪽으로 향한 회전은, 본래 단지 우(右) 뒤쪽으로 향하여 회전하는 한 가지 방법이나, 회전할 때 좌붕(左掤)인지 우붕(右掤)인지의 손 자세에 따라서 약간 다르므로, 좌붕식(左掤式) 뒤쪽 회전과 우붕식(右掤式) 뒤쪽 회전으로 나누어 설명한다.

1) 좌붕식(左掤式) 뒤쪽 회전

(제55도)는 즉 (제54도)의 좌붕(左掤)자세이다. 점선표시에 따라서, 좌권(左拳)을 우(右)로 비틀어 돌려서, 장심이 아래로 향하게 하며, 앞쪽에서 아래로 향하고 안으로 향해 하나의 반원형(半圓形)을 이루며 거두어

들여서, 좌측(左側) 몸 뒤에 이르고, 다시 왼손 손목을 좌(左)로 비틀어 돌려서, 장심(掌心)이 위로 향하도록 하며, 되돌아 앞으로 향하여, 왼쪽 허리 가에 멈춘다. 우권(右拳)은 장심(掌心)이 안으로 향하며, 명치를 지나 앞쪽 위 방향으로 향하여 비스듬히 나간다.{우찬식(右攢式)과 같다} 동시에 왼발 발꿈치에 힘을 들여서 우(右) 뒤쪽으로 향하여 회전하며, 오른발을 공중으로 들어올리고, 발끝이 우(右)로 향하며, 발꿈치는 좌(左)로 향하여서, 앞쪽 방향에 가로 놓고, 땅에서 약 30cm가량 떨어지며, 이미 우(右) 뒤쪽으로 향하여 회전하였다. (제56도)와 같다.

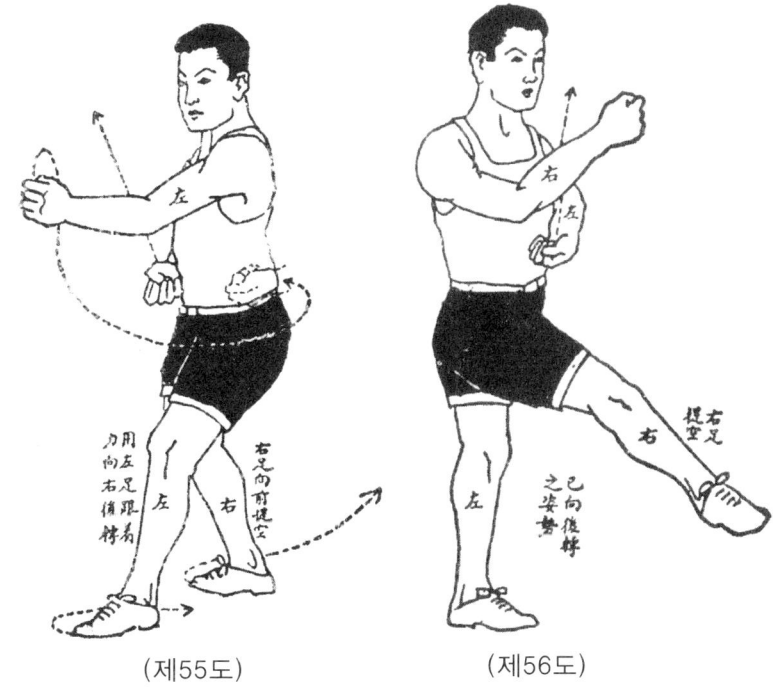

(제55도) (제56도)

(**제55도**) 왼발 발꿈치를 사용하여 힘을 들여서 우(右) 뒤쪽으로 향하여 회전한다
오른발을 앞쪽 공중으로 들어올린다
(**제56도**) 오른발을 공중에 들어올린다
이미 뒤쪽으로 향하여 회전한 자세

(제56도)의 점선표시에 따라서, 좌권(左拳)(장심이 안으로 향한다)을 오른팔의 안에서, 가슴 앞을 지나 우(右) 위 방향으로 향하여 비스듬히 나가서, 우권(右拳)과 교차하는 형태가 되어{앞의 (제7도) 왼손의 동작과 같다}, (제57도)와 같다.(반드시 아래 그림의 동작과 바로 연이어서 동작하며, 잠시라도 멈추어서는 안 된다)

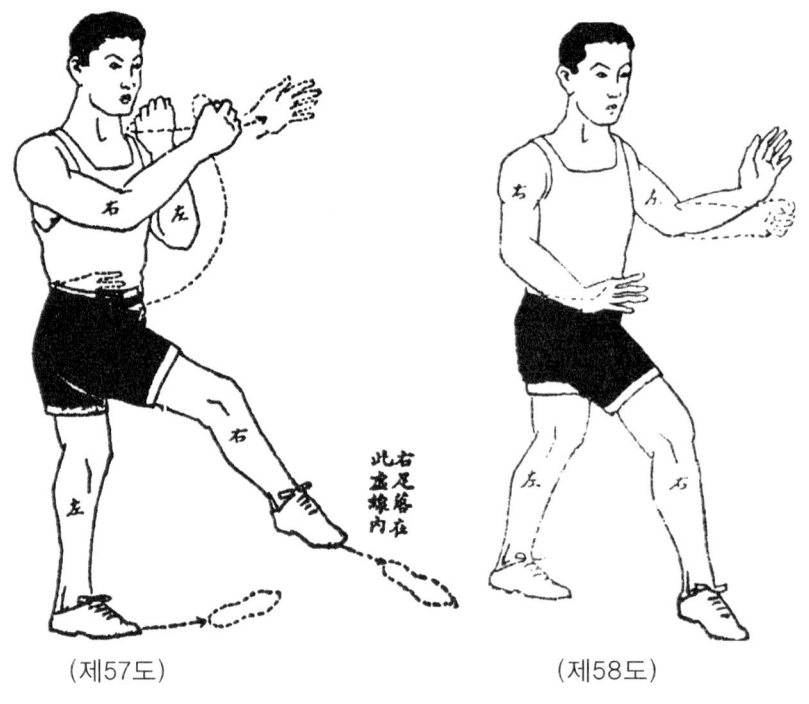

(제57도)   (제58도)

(제57도) 오른발이 이 점선 내에 내려온다

(제57도)의 점선표시에 따라서, 양 손의 손목을 신속히 비틀어 돌리며, 양 주먹을 펴고{이때 오른손의 장심이 좌(左)로 향하고, 왼손의 장심이 우(右)로 향한다}, 왼손이 '미는(推)' 자세를 취하여 앞으로 향하여 '후려 찍어(劈)' 나가고{장심이 앞쪽 약간 우(右)로 향한다}, 오른손은 뒤로 '끌어당기는(拉)' 자세를 취하며, 장심이 아래로 향하여서, 아래로 '누르

며(按)' 배꼽의 오른편에 이르러 멈춘다.{앞의 (제8도) 양 손의 동작과 같다} 동시에 오른발은 앞쪽으로 향하여 땅에 내려서, 점선의 발 모양 내에 밟고, 발끝이 약간 우(右)로 향하여 치우치며, 왼발은 뒤쫓아 1보를 나아가서, 발끝이 약간 좌(左)로 향하여 치우친다.[25] (제58도)와 같다.

(제58도)의 점선표시에 따라서, 왼손이 주먹을 움켜쥐며 앞으로 내밀고, 장심이 우(右)로 향한다. 오른손은 주먹을 움켜쥐며 밖으로 비틀어 돌려서, 장심이 위로 향하게 하여, (제59도)의 자세가 된다.

(제59도)　　　　　　　　(제60도)

---

25) 역자註 : 이때의 다리자세는 좌반식(坐盤式)을 취하여서, 왼발은 발끝이 앞으로 향하고, 발꿈치를 들어올리며, 오른발은 발끝이 오른쪽으로 향하여 가로지게 밟고, 양 무릎은 서로 '다잡아 걸어채우는(扣)' 듯 하여서, 양 무릎이 서로 호응하여 합하는 자세를 취하며, 체중은 왼쪽다리에 편중하기도 한다. 형의권에서 양 다리의 대퇴부는 '집게나 혹은 가위처럼 경(勁)을 갖춘 대퇴(剪子股)'로 형용하기도 한다.

(제59도)의 점선표시에 따라서 동작하면 바로 다시 우붕식(右掤式)이 된다. (제60도)와 같다.

2) 우붕식(右掤式) 뒤쪽 회전

(제61도)는 즉 (제52도)의 우붕(右掤)자세이다. 점선표시에 따라서, 우권(右拳)을 좌(左)로 비틀어 돌려서, 장심이 아래로 향하게 하며, 앞쪽에서 아래로 향하고 안으로 향해 하나의 반원형(半圓形)을 이루며 거두어 들여서, 우측(右側) 몸 뒤에 이르고, 오른손 손목을 우(右)로 비틀어 돌

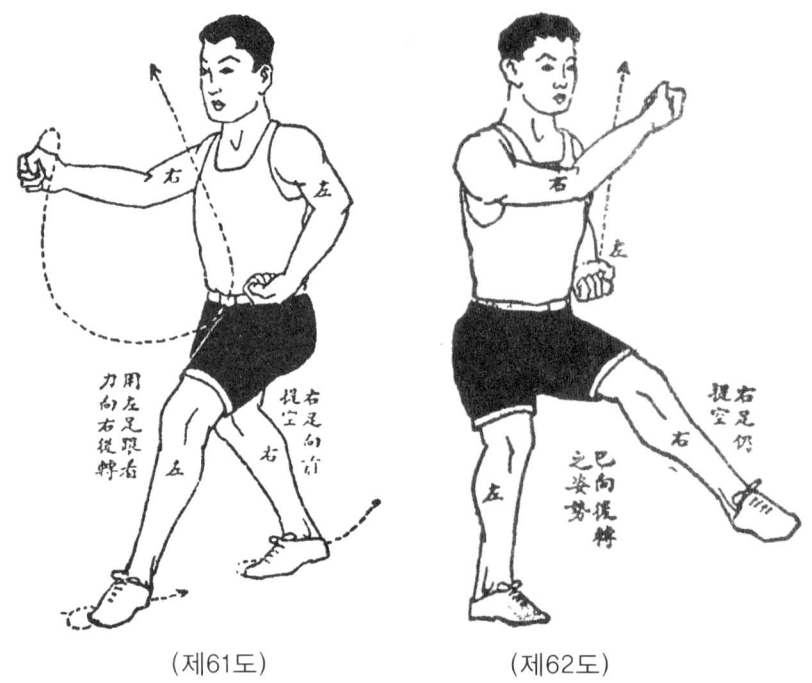

(제61도) (제62도)

(제61도) 왼발 발꿈치를 사용하여 힘을 들여서 우(右) 뒤쪽으로 향하여 회전한다
오른발을 앞쪽 공중으로 들어올린다
(제62도) 오른발은 여전히 공중으로 들어올린다
이미 뒤쪽으로 회전한 자세

려서, 장심(掌心)이 위로 향하게 하며, 되돌아 앞으로 향하여 와서 하나의 작은 원형(圓形)을 이루고, 명치를 지나 앞쪽 위 방향으로 향하여 비스듬히 나가며, 우찬식(右攢式)과 같다.{이때 주먹의 점선은, 앞의 반원형(半圓形)과 합하여서, 이미 하나의 타원형(橢圓形)을 대략 이루었다}
동시에 왼발 발꿈치에 힘을 들여서 우(右) 뒤쪽으로 향하여 회전하며, 오른발을 공중으로 들어올리고, 발끝이 우(右)로 향하며, 발꿈치는 좌(左)로 향하여서, 앞쪽 방향에 가로지고, 땅에서 약 30cm가량 떨어지며, 이미 우(右) 뒤쪽으로 향하여 회전하였다. (제62도)와 같다. (제62도)의 자세는 즉 (제56도)의 자세이며, 동작은 (제56도)와 같다.

(제63도) 의 자세는 즉 (제57도)의 자세이며, 동작은 (제57도)와 같다.

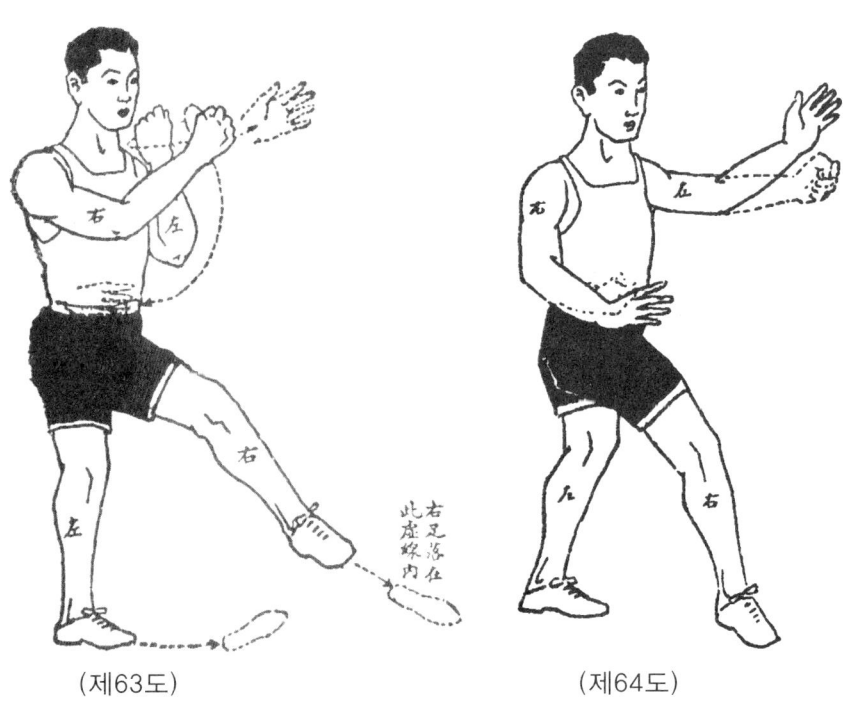

(제63도)　　　　　　　　　(제64도)

(제63도) 오른발은 이 점선 내에 내린다

(제64도)의 자세는 즉 (제58도)의 자세이며, 동작은 (제58도)와 같다.

(제65도) 의 자세는 즉 (제59도)의 자세이며, 동작은 (제59도)와 같다.

(제66도) 는 (제52도)와 같은 우붕식(右掤式)이며, 그러나 방향은 이미 뒤쪽으로 회전하였다.

(제65도)   (제66도)

(5) 휴지식(休止式)

붕권(掤拳)을 멈출 때는 특유의 멈추는 방식이 있으며, 기타 각 권식과는 다르다. (제67도)는 즉 (제52도)의 우붕식(右掤式)이다.{붕권(掤拳)을 멈추려면 반드시 우붕식(右掤式)에 이르렀을 때 휴지(休止)동작을 시작하며, 그렇지 않으면 그 기세가 순조롭지 못하므로, 연습하는 사람은 반드시 이를 주의해야 한다} 그림 중의 점선표시에 따라서, 오른발이 먼저 뒤쪽으로 향하여 작은 1보를 물러나며, (제68도)의 자세가 된다.

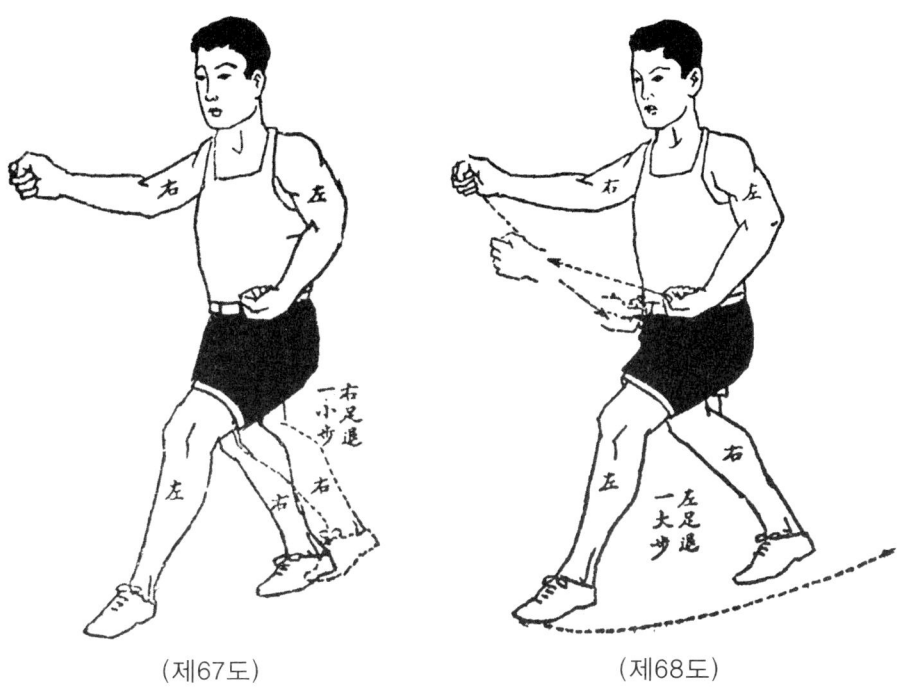

(제67도)   (제68도)

(제67도) 오른발이 작은 1보를 물러난다
(제68도) 왼발이 큰1보를 물러난다

(제68도)의 점선표시에 따라서, 오른팔 팔꿈치를 뒤쪽으로 구부리며, 우권(右拳)을 거두어들여서, 장심(掌心)이 위로 향하게 하여, 오른쪽 허리 가에 자리 잡는다. 좌권(左拳)은 우(右)로 비틀어 돌리며, 장심(掌心)이 우(右)로 향하게 하여서, 앞쪽 방향으로 향하여 평평하게 나간다.{양손의 동작은 앞의 (제53도)와 같다} 동시에 왼발은 뒤쪽으로 향하여 큰 1보를 물러나서, (제69도)와 같다.

(제69도)

(제69도) 오른발 발꿈치를 사용하여 우(右)로 회전한다

(제69도)의 점선표시에 따라서, 좌권(左拳)을 우(右)로 비틀어 돌리며, 장심(掌心)이 아래로 향하게 하여서, 앞쪽 방향으로부터 아래로 거두어 들이고, '사타구니(胯)'의 왼다리 앞에 이르러 멈춘다.(이때 장심은 이미 안으로 향한다) 우권(右拳 : 左拳과 동시에 동작한다)을 좌(左)로 비틀어 돌려서, 역시 장심(掌心)이 아래로 향하게 하여, 아랫배로부터 아래로 억눌러, 사타구니의 오른다리 앞에 이르러 멈추며, 장심(掌心)이 안으로 향하고, 좌권(左拳)과 같은 높이이다. 동시에 왼발은 앞쪽 우(右)로 치우친 방향으로 호선형(弧線形 : 곡선)을 이루며 1보를 '밟아(踏)' 나아간다. 오른발은 발꿈치를 사용하여 힘을 들여서, 발끝이 우(右)로 회전하게 하며, 또한 반드시 동시에 양 무릎을 각각 좌우로 구부려서, 무릎은 약 60도의 각도를 이루고, '등허리(腰背)'는 똑바르게 펴면 곧 붕권

의 멈추는 방식이다. (제70도)와 같다.(甲은 뒷면이고, 乙은 정면이다)

(제70도) 甲　　　　　　　　(제70도) 乙

(6) 연습을 멈출 때의 주의사항

벽권(劈拳)과 같다.

(7) 자세의 교정

붕권(崩拳)의 발 자세는, 앞쪽 발은 안으로 꺾어 들여서는 안 되고, 밖으로 가로놓아도 안 되며, 뒤쪽 발은 앞으로 가지런한 듯도 하고 아닌 듯도 하며, 옆으로 가로지는 듯도 하고 아닌 듯도 해야 한다.
손의 자세는 반드시 손이 심(心 : 심장)에서 멀리 떨어지지 않으며, 팔꿈치는 옆구리에서 멀리 떨어지지 않는다.[26]

양 손의 신축(伸縮)은 양 발의 진퇴(進退)와 질서 정연하게 일제히 시작하고 같이 마침이 중요하며, 조금이라도 먼저 하고 나중 함이 있어서는 안 된다.

앞쪽으로 내밀어 나간 팔의 팔꿈치는 반드시 아래로 경(勁)을 '내려뜨려야(垂)' 하며, 뒤쪽의 구부린 팔꿈치는 뒤쪽으로 경(勁)을 '끌어 당겨야(拉)' 한다. 양 어깨는 '느슨히 펴고(鬆開)', 양 눈은 앞쪽으로 내밀어 나간 주먹을 바라본다.

'끌어당겨(拉)' 오는 주먹(좌우를 막론하고)은 반드시 양 옆구리에 바짝 접근해야 하며, 내밀어 나간 손은 명치와 같은 높이이다.[27]

---

26) 역자註 : 형의권의 손이 나가고 들어오는 동작은 '팔꿈치가 옆구리를 떠나지 않고, 손이 심을 떠나지 않는다(肘不離肋, 手不離心)'라고 특별히 강조하는데, 이것은 형의권의 주요한 방어법일 뿐만 아니라, 또한 타법(打法) 중의 주요한 축경(蓄勁)동작이며, 팔로 하여금 몸의 경(勁)을 빌어서 힘을 증대하고, 몸은 팔의 경(勁)을 빌어서 발출하며, 허리가 어깨를 재촉하고, 어깨가 팔꿈치를 재촉하며, 팔꿈치가 손을 재촉하여 발경(發勁)한다. 팔꿈치가 옆구리를 떠나지 않는 구체적인 방법은, 손이 나갈 때 손은 몸의 중앙 노선으로 움직이며, 팔꿈치를 옆구리에 바짝 접근시키면서 마치 팔꿈치가 손을 밀어나가는 것과 같으며, 손을 거두어들일 때도 팔꿈치를 옆구리에 바짝 접근시키며 역시 손은 몸의 중앙 노선으로 거두어들인다.

27) 역자註 : 붕권(崩拳)의 보(步)가 나가는 노선(路線)과 권(拳)이 나가는 노선은 곧바르게 나가야 하며, 양 노선이 상하(上下)로 서로 마주하고, 한 종단면(縱斷面)에 있어야 한다. 즉 정중앙 노선에서 동작한다. 또한 거두어들이는 권(拳)은 방어하여 지키는 동작으로도 할 수 있으니, 예를 들면 장(掌)으로 변하여 막아 저지하며 거두어들인다. 한 권(拳)은 앞으로 타격하여 나가고, 다른 한 권(拳)은 뒤로 거두어들이나, 양 권(拳)이 힘을 들임은 같아야 한다. 붕권(崩拳)의 타격은 허리의 힘을 발출하여서, 허리가 어깨를 재촉하고, 어깨가 팔꿈치를 재촉하며, 팔꿈치가 손을 재촉하면서, 나선형(螺旋形)의 경(勁)을 사용하여, 비틀어 돌리는 중에 앞으로 향하여 곧바로 타격하며, 폭발력이 있어야 한다.

4. 붕권가결(崩拳歌訣)

붕권(崩拳)이 나가는 방식은 코끝 손끝 발끝이 마주하고, 호구(虎口)는 위로 향하며 심장과 같은 높이이다.
崩拳出式三尖對　虎眼朝上如心齊

뒤쪽 손은 양권(陽拳)으로 옆구리 아래에 감추고, 앞쪽 발은 가지런하며 뒤쪽 발은 丁(정)자 보(步)이다.
後手陽拳脅下藏　前脚要順後脚丁

뒤쪽 발이 안정되려면 人(인)자형이어야 하고, 붕권(崩拳)은 몸을 뒤집으며 눈썹을 향해 가지런하다.
後脚穩要人字形　崩拳翻身望眉齊

몸이 곧바르게 서며 발을 들어올리고, 발을 무릎 아래로 들어올려 발가락을 가로지게 향한다.
身站正直脚提起　脚起膝下橫脚趾

권(拳)으로 타격하는 방법을 예로 들면, 아래팔뚝을 못으로 삼고, 몸체를 큰 망치로 삼아서, 보(步)가 나가면서 망치인 몸체가 팔꿈치를 쳐나간다.
"사실상 붕권(崩拳)의 묘한 점은 긴장(緊張)과 이완(弛緩)에 있다."《흘러간 무림》P.220
"형의권을 수련할 때 새우를 잡는 것과 같아야 하며, 손이 나갈 때는 매우 경쾌(輕快)하고, 손을 거두어들일 때는 손에 '무엇(東西 : 추상적인 것 혹은 물건)'을 지니고서 돌아오며, 이 '가벼이 나가고 무겁게 거두어들이는(輕出重收)' 것이 바로 권술수련의 구결(口訣)이니, 천금으로도 바꿀 수 없다."《흘러간 무림》P.182

손발이 같이 내려오며 넓적다리가 가위처럼 맞물리고, 앞쪽 발은 가로 놓으며 뒤쪽 발은 가지런하다.
　　脚手齊落剪子股　　前脚要橫後脚順

붕권(弸拳)의 타법(打法)은 혀끝을 받쳐 올리고, 앞쪽 손은 팔꿈치를 추켜올려 위로 받쳐 올린다.
　　弸拳打法舌尖頂　　前手攞肘望上托

보(步)가 나아가며 주먹을 내어 먼저 옆구리를 때리고, 뒤쪽 발은 연달아서 바짝 뒤따라간다.
　　進步出拳先打脅　　後脚是連緊隨跟

제4로(第四路) 포권(礮拳)

포권(礮拳)은 화(火)에 속하고, 이것은 한 기(氣)의 열고 닫음이며, 대포와 같이 별안간 폭발하여, 그 포탄이 돌연히 나가니, 그 성질이 가장 강렬하고, 그 모습은 가장 맹렬하다. 배 안에서는 바로 심(心)에 속하고, 권(拳)에서는 곧 포(礮)이다. 포권(礮拳)의 연습이 방법에 맞으면 신체가 쾌적하고 기(氣)가 조화되나, 연습방법이 맞지 않으면 사지가 순조롭지 못해 기(氣)가 어긋난다. 그 기(氣)가 조화되면 마음속이 허령(虛靈 : 텅 빈 듯 하나 민감하다)하고, 그 기(氣)가 어긋나면 마음속이 몽매(朦昧)하다. 배우는 사람은 응당 이를 깊이 따져야 한다.

1. 예비자세(預備姿勢)

벽권(劈拳)과 같다. {즉 (제1도)부터 (제9도)까지의 동작이다.}

2. 포권(礮拳)의 보세(步勢)

포권(礮拳)의 보세(步勢)는, 예비자세의 보세가 각 권식과 같은 외에, 송곳니 형태의 노신을 따라서 앞쪽으로 나아가는 것이다. 보법(步法)은 모두 4종류로 나눈다. 첫째는 점보(墊步)이며, 우(右)로 혹은 좌(左)로 향하여 선회하는 보(步)로서 즉 그리하여 곡선을 이루는 것이다. 둘째는 '들어올리는 보(提步)'이며, 발을 공중으로 들어올려서 땅에 닿지 않는다. 셋째는 진보(進步)이고, 넷째는 근보(跟步)이다. 진보(進步)는 곧바르고, 근보(跟步)는 약간 가로져서 비스듬하며, 이것이 바로 포권(礮拳)의 주요 보세(步勢)이다. 뒤쪽으로 향하여 회전하는 방법 또한 우(右) 뒤쪽으로의 회전과 좌(左) 뒤쪽으로의 회전 두 가지 방법으로 나눈다.

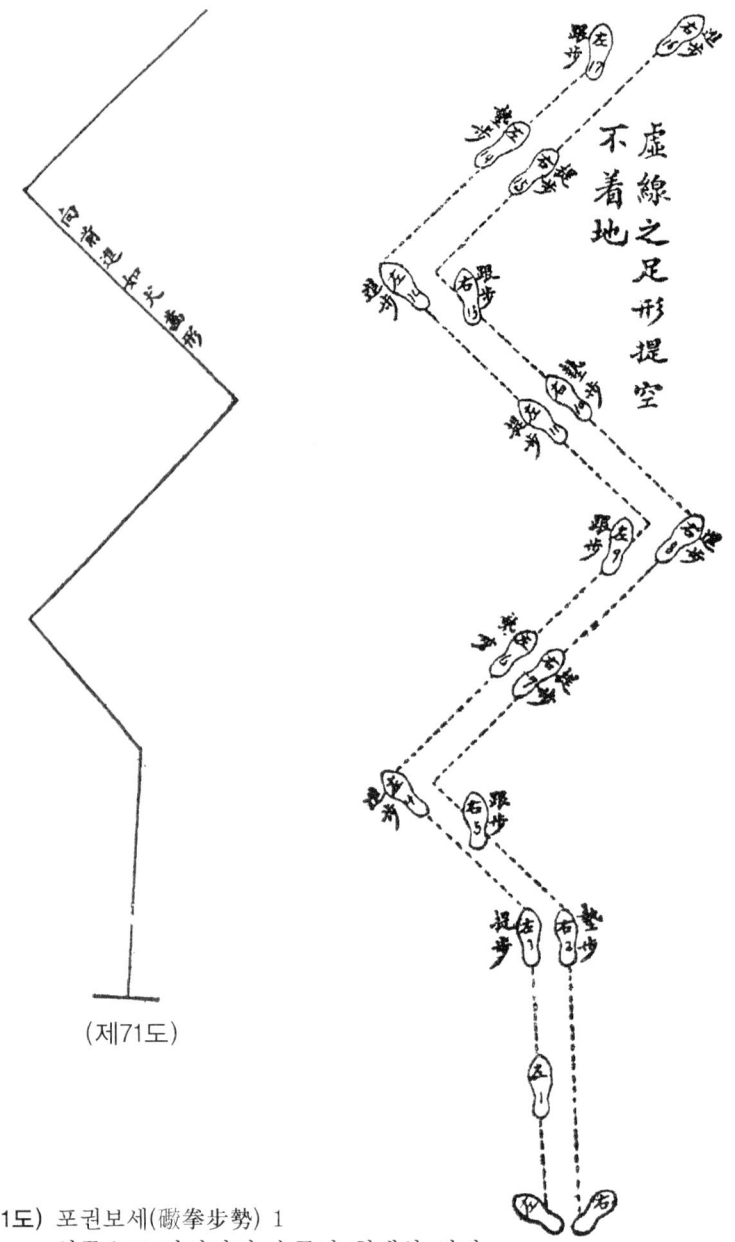

(제71도)

(제72도)

(제71도) 포권보세(礮拳步勢) 1
앞쪽으로 나아가며 송곳니 형태와 같다

(제72도) 포권보세(礮拳步勢) 2
제보(提步)는 공중에 들어올려서 땅에 닿지 않는다

113

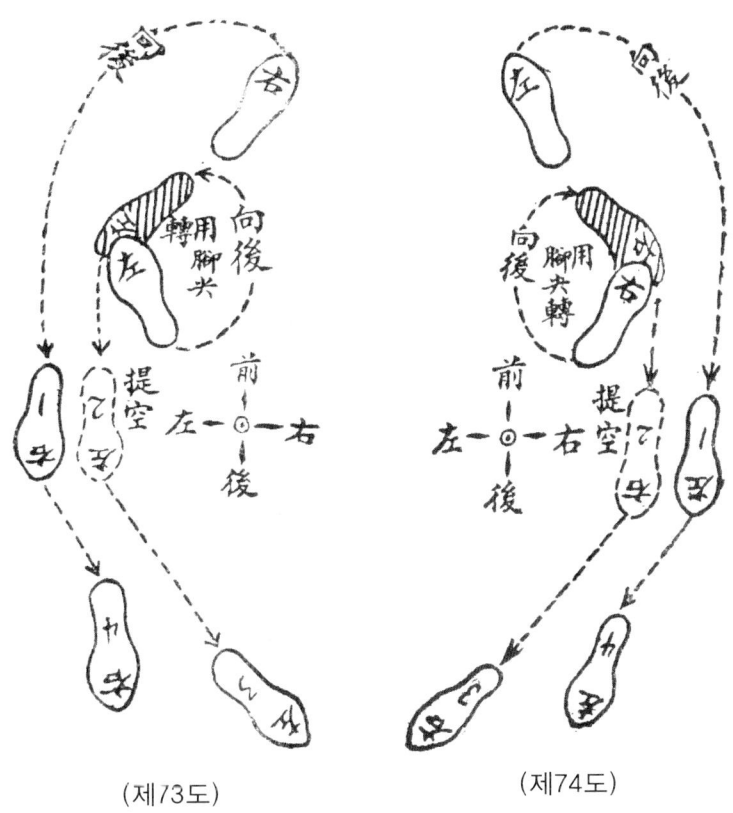

(제73도)   (제74도)

(제73도) 포권보세(礮拳步勢) 3
좌(左) 뒤쪽으로 회전한다
발끝을 사용하여 회전한다

(제74도) 포권보세(礮拳步勢) 4
우(右) 뒤쪽으로 회전한다
발끝을 사용하여 회전한다

3. 포권(礮拳)의 동작

(1) 우포식(右礮式)

(제75도)의 갑(甲)이 즉 예비자세의 (제9도)이다.[28]

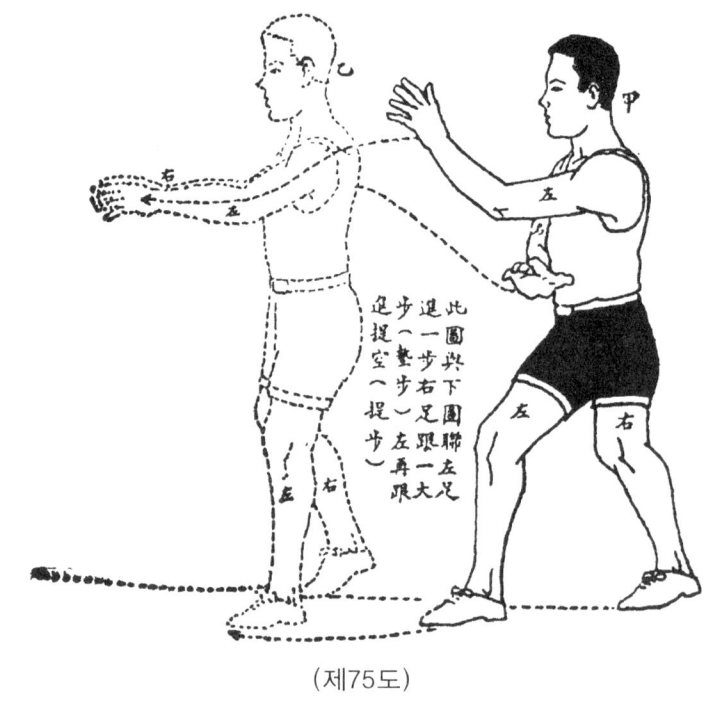

(제75도)

(제75도) 이 그림은 다음 그림과 연결되며, 왼발이 1보를 나아가고, 오른발이 큰 1보를 뒤쫓아 가며 '한발뛰기 보(塾步)'가 나가고, 왼발이 다시 뒤쫓아 나아가서 공중에 들어올려 제보(提步)한다.

1. (제75도)의 점선표시에 따라서, 양 손은 앞쪽으로 평평하게 내밀며, 장심(掌心)이 아래로 향하고, 높이는 명치와 같으며 앞으로 향해서, 물

---

28) 역자註 : 동쪽으로 향하여 동작을 할 때, 이 그림은 북쪽 방향에서 보이는 모습이다.

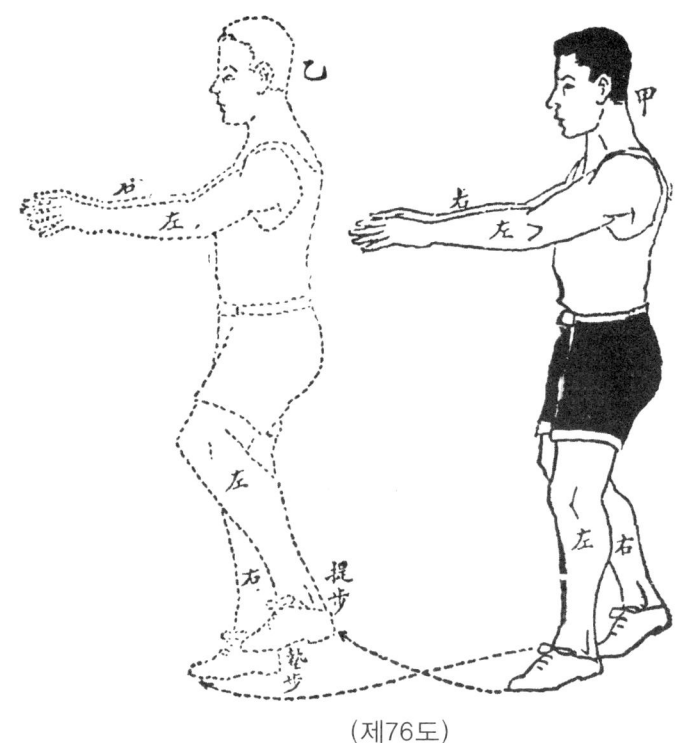

(제76도)

체를 '끌어당기는(拉)' 자세를 취한다. 동시에 왼발이 앞으로 1보를 나아가고(進步), 오른발이 뒤쫓아 나아가서 왼발 안쪽의 복사뼈에 이를 때(발은 멈추지 않고 땅에 닿지 않는다), 다시 앞쪽으로 1보를 나아가고{즉 점보(墊步)이다}, 왼발을 또 신속히 들어올려 뒤쫓아 나아가서, 오른발에 이를 때, 오른발의 안쪽 복사뼈에 바짝 접근하여 들어올리며, 이것을 제보(提步)라고 부른다. (제76도)의 을(乙)과 (제77도)와 같다.

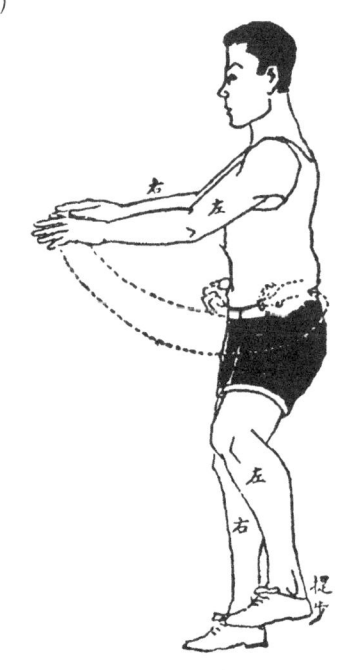

(제77도)

2. (제77도)의 점선표시에 따라서, 양 손을 앞쪽 방향으로부터 몸으로 향하여 거두어들여서, 각기 허리 가에 이르러 주먹을 움켜쥐며, 왼손 손목은 좌(左)로 비틀어 돌리고, 오른손 손목은 우(右)로 비틀어 돌려서, 각기 장심(掌心)이 위로 향하게 하며, 좌우의 허리춤에서 멈춘다. (제78도)와 같다.

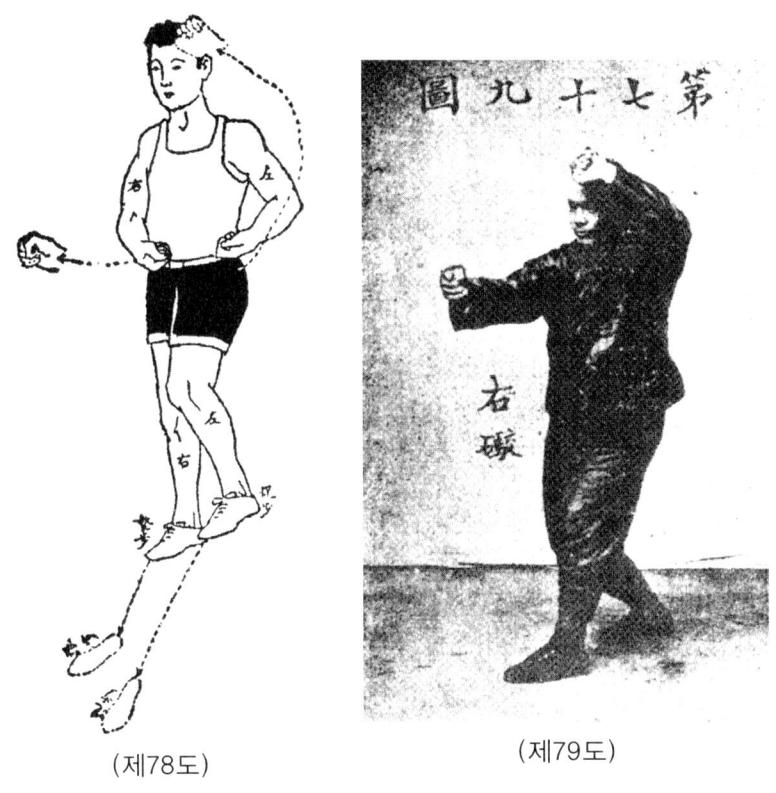

(제78도)   (제79도)

3. (제78도)의 점선표시에 따라서, 좌권(左拳)을 안으로 비틀어 돌리며, 장심(掌心)이 아래로 향하게 하여, 허리부위로부터 뒤집어서 위로 향하고, 호선형(弧線形 : 곡선)을 이루며 왼쪽 이마 가에 이르러 정지한다.(장심이 앞쪽으로 향한다)[29] 우권(右拳)을 좌(左)로 비틀어 돌리며 앞쪽으로 향하여 평평하게 나가고, 장심(掌心)이 좌(左)로 향하게 하여, 엄

지손가락을 조금 앞쪽으로 향하여 뒤집는다.{붕권(掤拳)의 앞으로 내미는 동작과 같다} 동시에 왼발{제보(提步)의 발}은 좌(左) 앞쪽 방향으로 향하여 비스듬히 1보를 나아가고{진보(進步)}, 오른발{점보(墊步)의 발}은 뒤쫓아 1보를 나아가서, 우포식(右礮式)이 된다. (제79도)와 같다.

(2) 좌포식(左礮式)

좌포식(左礮式)은 좌권(左拳)을 앞으로 내밀며, 오른발이 앞으로 나아감으로, 우포식(右礮式)의 우권(右拳)과 왼발이 앞쪽으로 향하는 것과는 정반대가 된다. 그러므로 세심하게 이를 이해하면, 하나로부터 다른 것을 미루어 아니, 좌포식(左礮式)의 방법은 바로 우포식(右礮式) 중에서 알 수 있다.

1. (제80도)는 즉 (제79도)의 우포식(右礮式)이다. 그림 중의 점선표시에 따라서, 좌권(左拳)을 왼쪽 이마 가로부터 좌(左) 앞쪽 방향을 지나 아래로 거두어들이며, 하나의 반원형(半圓形)을 이루고 왼쪽 허리 가에 이르며, 장심(掌心)이 위로 향하게 하여 '억누른다(按)'. 우권(右拳)은 우(右) 방향으로부터 아래로 거두어들이며, 또한 하나의 작은 반원형(半圓形)을 이루며 오른쪽 허리 가에 이르고, 장심(掌心)이 위로 향하게 하여 '억누른다(按)'. 동시에 왼발은 우(右) 앞쪽 방향으로 향하여 비스듬히 1보를 나아가고{점보(墊步)}, 오른발이 뒤쫓아 1보를 나아가서, 왼발 옆에 이르러 왼발 안쪽의 복사뼈에 바짝 접근하여 공중에 들어올려{제보(提步)}, (제81도)의 자세가 된다.

---

29) 역자註 : 좌권(左拳)을 비틀어 돌리며 허리부위로부터 팔뚝을 가로지게 하여 위로 받쳐 올리는 동작 방식이나, 다른 형의권 파(派)의 포권(炮拳) 동작은 이러한 동작방식을 기피하고, 먼저 권(拳)이 위로 파고들어 가슴 앞을 지나고 얼굴 앞을 지나며 팔을 올리면서 뒤집어 돌리기도 한다.

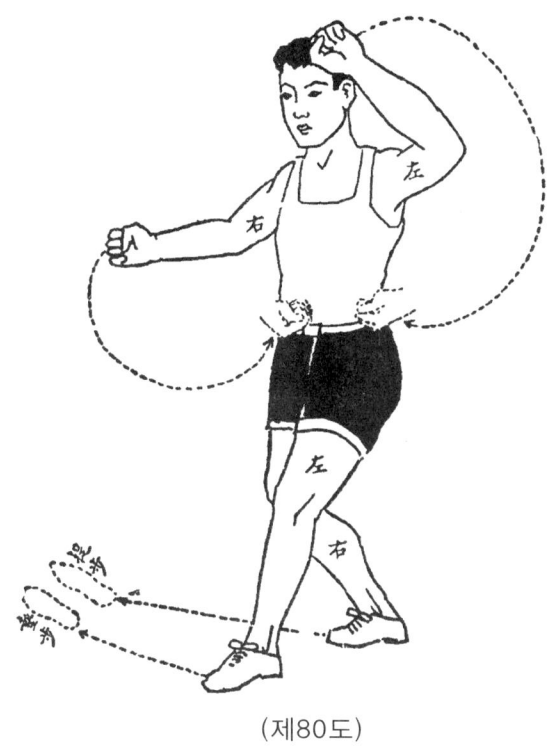

(제80도)

2. (제81도)의 점선표시에 따라서, 우권(右拳)을 안으로 비틀어 돌리며, 장심(掌心)이 아래로 향하게 하여, 허리부위로부터 뒤집어서 위로 향하고, 호선형(弧線形 : 곡선)을 이루며 오른쪽 이마 가에 이르러 정지한다.(장심이 앞쪽으로 향한다) 좌권(左拳)을 우(右)로 비틀어 돌리며 앞쪽으로 향하여 평평하게 나가고, 장심(掌心)이 우(右)로 향하게 하여, 엄지손가락을 조금 앞쪽으로 향하여 뒤집는다.{붕권(掤拳)의 앞으로 내미는 동작과 같다} 동시에 오른발{제보(提步)의 발}은 우(右) 앞쪽 방향으로 향하여 비스듬히 1보를 나아가고{진보(進步)}, 왼발{점보(墊步)의 발}은 뒤쫓아 1보를 나아가서, 좌포식(左礟式)이 된다.(제82도)와 같다.

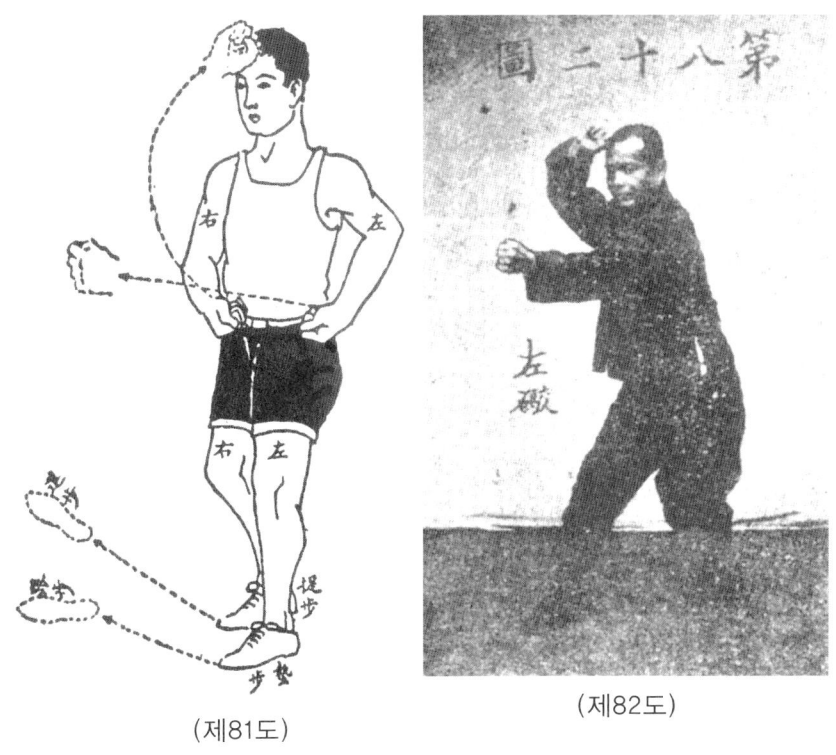

(제81도) (제82도)

3. (제83도)는 즉 (제82도)의 좌포식(左礮式)이다. 그림 중의 점선표시에 따라서, 우권(右拳)을 오른쪽 이마 가로부터 우(右) 앞쪽 방향을 지나 아래로 거두어들이며, 하나의 반원형(半圓形)을 이루고 오른쪽 허리 가에 이르며, 장심(掌心)이 위로 향하게 하여 억누른다. 좌권(左拳)은 좌(左) 방향으로부터 아래로 거두어들이며, 또한 하나의 작은 반원형(半圓形)을 이루며 왼쪽 허리 가에 이르고, 장심(掌心)이 위로 향하게 하여 억누른다. 동시에 오른발은 좌(左) 앞쪽 방향으로 향하여 비스듬히 1보를 나아가고{점보(墊步)}, 왼발이 뒤쫓아 1보를 나아가서, 오른발 옆에 이르러 오른발 안쪽의 복사뼈에 바짝 접근하여 공중에 들어올려{제보(提步)}, 앞의 (제78도)의 자세가 다시 된다.

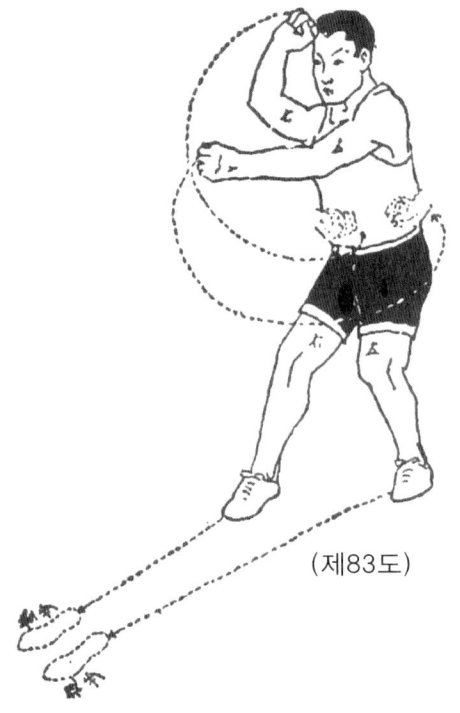

(제83도)

(3) 좌우(左右)가 번갈아 나아간다

예비자세로부터 우포식(右礮式)까지 연습하고, 우포식(右礮式)부터 좌포식(左礮式)으로 번갈아 교체하여 전진하며, 연습장소의 한쪽 끝에 이르러 더 나아갈 수 없을 때 뒤쪽으로 향하여 회전하여서, 계속 연습하여 상당한 시간이 되면 멈춘다.

(4) 뒤쪽으로 향하여 회전한다

뒤쪽으로 향하여 회전하는 동작은 좌(左)회전과 우(右)회전으로 나눈다. 예컨대 좌포식(左礮式)에서 뒤쪽으로 향하려면, 반드시 좌(左) 뒤쪽으로 향하여 회전하고, 우포식(右礮式)에서 뒤쪽으로 향하려면, 반드시 우(右) 뒤쪽으로 향하여 회전한다.

(제84도)

(제84도) 왼발 발끝을 사용하여 힘을 들여서 좌(左) 뒤쪽으로 회전한다.

1) 좌(左) 뒤쪽으로 향한 회전

(제84도)는 즉 (제82도)의 좌포식(左礮式)이다. 그림 중의 점선표시에 따라서{양 손 동작의 점선표시는 (제83도)와 같다}, 우권(右拳)을 오른쪽 이마 가로부터 우(右) 앞쪽 방향을 지나 아래로 거두어들이며, 하나의 반원형(半圓形)을 이루고 오른쪽 허리 가에 이르며, 장심(掌心)이 위로 향하게 하여 억누른다. 좌권(左拳)은 좌(左) 방향으로부터 아래로 거두어들이며, 또한 하나의 반원형(半圓形)을 이루며 왼쪽 허리 가에 이르고, 장심(掌心)이 위로 향하게 하여 억누른다. 동시에 왼발은 발끝을 사용하여 힘을 들이며, 좌(左) 뒤쪽으로 향하여 회전하고, 오른발은 들어올려서, 뒤쪽으로 향하여 지면을 스치며 따라가서 땅에 내리고{점보

(墊步)이며, 원래의 발 모양과는 마침 반대방향이 된다}, 왼발은 다시 뒤쫓아 1보를 나아가서, 오른발 안쪽의 복사뼈에 바짝 접근하여 공중에 들어올려{제보(提步)}, (제85도)의 자세가 되며, 이미 뒤쪽으로 향하여 회전하였다.{(제73도)를 참조한다}

(제85도)의 자세는 즉 (제78도)의 자세이며, 그림 중의 점선표시에 따라서 동작하면 곧 다시 우포식(右礮式)이 된다. (제86도)와 같다.

(제85도)　　　　　　　　　(제86도)

2) 우(右) 뒤쪽으로 향한 회전

(제87도)는 즉 (제79도)의 우포식(右礮式)이다. 그림 중의 점선표시에 따라서{양 손 동작의 점선표시는 (제80도)와 같다}, 좌권(左拳)을 왼쪽 이마 가로부터 좌(左) 앞쪽 방향을 지나 아래로 거두어들이며, 하나의

반원형(半圓形)을 이루고 왼쪽 허리 가에 이르며, 장심(掌心)이 위로 향하게 하여 억누른다. 우권(右拳)은 우(右) 방향으로부터 아래로 거두어 들이며, 또한 하나의 작은 반원형(半圓形)을 이루며 오른쪽 허리 가에 이르고, 장심(掌心)이 위로 향하게 하여 억누른다. 동시에 오른발은 발끝을 사용하여 힘을 들이며, 우(右) 뒤쪽으로 향하여 회전하고, 왼발은 들어올려서, 뒤쪽으로 향하여 지면을 스치며 따라가서 땅에 내리고{점보(墊步)이며, 원래의 발 모양과는 마침 반대방향이 된다}, 오른발은 다시 뒤쫓아 1보를 나아가서, 왼발 안쪽의 복사뼈에 바짝 접근하여 공중에 들어올려{제보(提步)}, (제88도)의 자세가 되며, 이미 뒤쪽으로 향하여 회전하였다.{(제72도)를 참조한다}

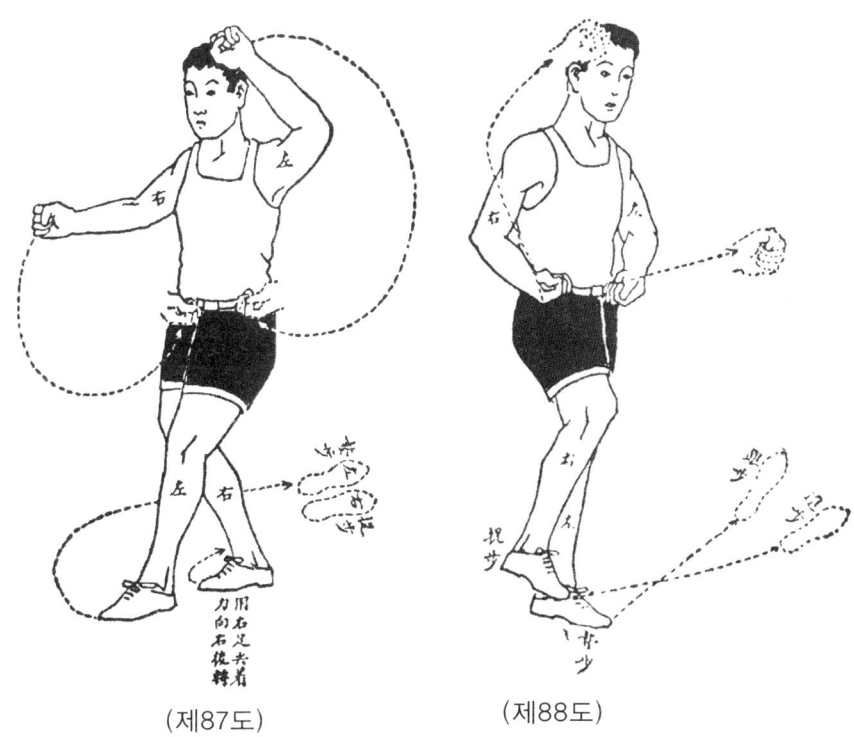

(제87도)   (제88도)

(제87도) 오른발 발끝을 사용하여 힘을 들여서 우(右) 뒤쪽으로 회전한다

(제88도) 의 자세는 즉 (제81도)의 자세이며, 그림 중의 점선표시에 따라서 동작하면 곧 다시 좌포식(左礮式)이 된다. (제89도)와 같다.

(제89도)

(5) 연습을 멈출 때의 주의사항

벽권(劈拳)과 같다.

(6) 자세의 교정

포권(礮拳)의 동작은, 왼손이 반드시 왼발과 서로 연결하고, 오른손은 반드시 오른발과 서로 연결하며, 좌우의 손과 좌우의 발은 더욱이 반드시 서로 결합하여서, 일제히 동작을 시작하고 일제히 동작을 완성한다.

가슴은 펴고, 아랫배는 아래로 내려뜨리고, 곡도(穀道 : 항문)는 위로 들어올리고, 둔부는 치켜들어 올리지 않는다.

포권(礮拳)은 '허중(虛中 : 속이 텅 비다)'을 중히 여기며, 그러므로 양 어깨는 응당 느슨히 펴서 경(勁)을 '뽑아낸다(抽)'.

이마 위에 '파고든(攢)' 주먹은, 그 팔꿈치는 반드시 아래로 '내려뜨려야(垂)', 비로소 '힘이 있다(有勁)'.

우포식(右礮式)의 몸은 반드시 좌(左)로 치우치고, 좌포식(左礮式)의 몸은 반드시 우(右)로 치우친다.

4. 포권가결(礮拳歌訣)

양 팔꿈치는 바짝 품어 안으며 발을 들어 올리고, 양 주먹을 바짝 움켜쥐어 양권(陽拳 : 장심이 위로 향한다)이 된다.
　　兩肘緊抱脚提起　　兩拳一緊要陽拳

앞쪽 손은 가로지며 뒤쪽 손은 丁(정)자형이고, 양 주먹은 높이가 다만 배꼽을 포옹한다.
　　前手要橫後手丁　　兩拳高祇肚臍抱

기(氣)는 신법(身法)에 따르며 단전(丹田)으로 들어가고, 손발이 다 함께 동작을 완성하니 코끝 손끝 발끝이 마주한다.
　　氣就身法入丹田　　脚手齊落三尖對

주먹이 타격하는 높이는 다만 심장과 같고, 앞쪽 주먹의 호구(虎口)는 위로 떠받친다.

拳打高祇與心齊　　前拳虎眼朝上項

뒤쪽 주먹이 위로 파고들어 눈썹 위에 가지런하고, 호구(虎口)는 아래로 향하며 팔꿈치는 아래로 내려뜨린다.
後拳上攢眉上齊　　虎眼朝下肘下垂

포권(礮拳)의 타법(打法)은 발을 들어올리고, 보(步)를 내리며 앞쪽 주먹은 위로 파고든다.
礮拳打法脚提起　　落步前拳望上攢

주먹과 발을 함께 내리며 十(십)자 보(步)가 되고, 뒤쪽 발은 연이어 바짝 뒤따라 가로 놓는다.
拳脚齊落十字步　　後脚是連緊隨橫

제5로(第五路) 횡권(橫拳)

　횡권(橫拳)은 토(土)에 속하고, 이것은 한 기(氣)의 뭉쳐 모임이다. 배 안에서는 바로 비(脾)에 속하고, 권(拳)에서는 곧 횡(橫)이다. 그 기(氣)는 순조로워야 하며, 순조로운즉 비위(脾胃)가 완화(緩和)되고, 그렇지 않으면 비위(脾胃)가 허약하다. 또한 그 권(拳)은 방식에 맞게 해야 하며, 방식에 맞으면 내부의 5행(行)이 조화되고, 신체의 각 부분 모두 쾌적하나, 잘못하면 내기(內氣)가 조화되지 못하고, 동작이 모두 갈팡질팡한다. 결국 성(性)이 진실해야 하고, 기(氣)가 순조롭고, 형(形)이 원만하고, 경(勁)이 조화되어야만 비로소 횡권(橫拳)의 능력을 모두 발휘할 수 있다. 선현이 말하기를 : "도리에서는 신(信)이고, 사람에서는 비(脾)이며, 권(拳)에서는 횡(橫)에 속한다"라는 것이다.

1. 예비자세(預備姿勢)

　벽권(劈拳)과 같다. {즉 (제1도)부터 (제9도)까지의 동작이다.}

2. 횡권(橫拳)의 보세(步勢)

　횡권(橫拳)의 보세(步勢)는, 물결무늬 모양의 선에 따라서 앞으로 향하여 진행하는 것이다. 보법(步法)은 세 종류로 나누며, 점보(墊步)(또한 轉步라고도 부른다)· 진보(進步)· 근보(跟步)이다. 뒤쪽으로 향하여 회전하는 동작 또한 좌(左) 뒤쪽으로 향한 회전과 우(右) 뒤쪽으로 향한 회전 두 방법이 있다.

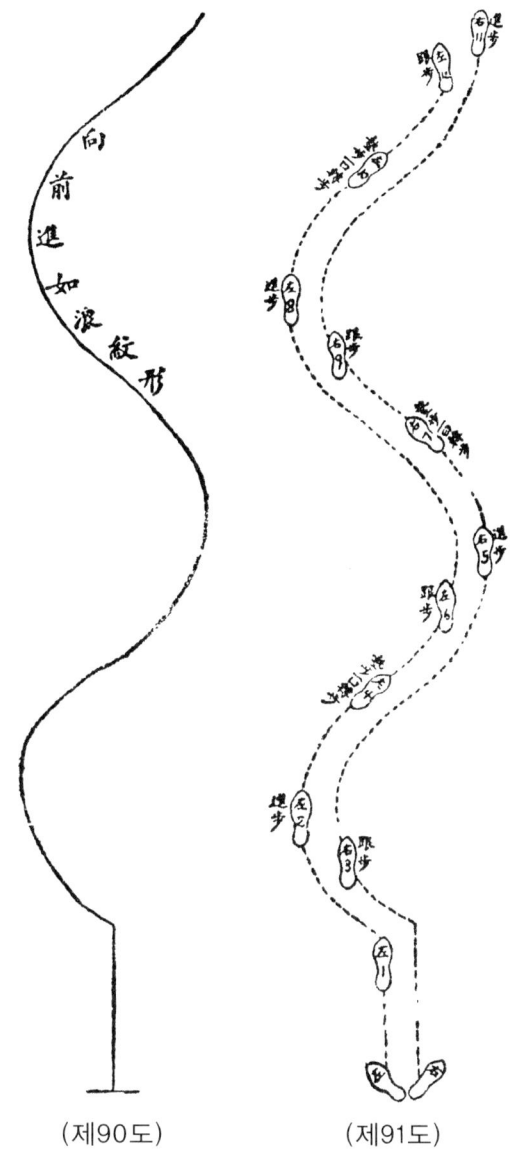

(제90도) 횡권보세(橫拳步勢) 1 앞쪽으로 나아감이 물결무늬 모양과 같다

(제91도) 횡권보세(橫拳步勢) 2

129

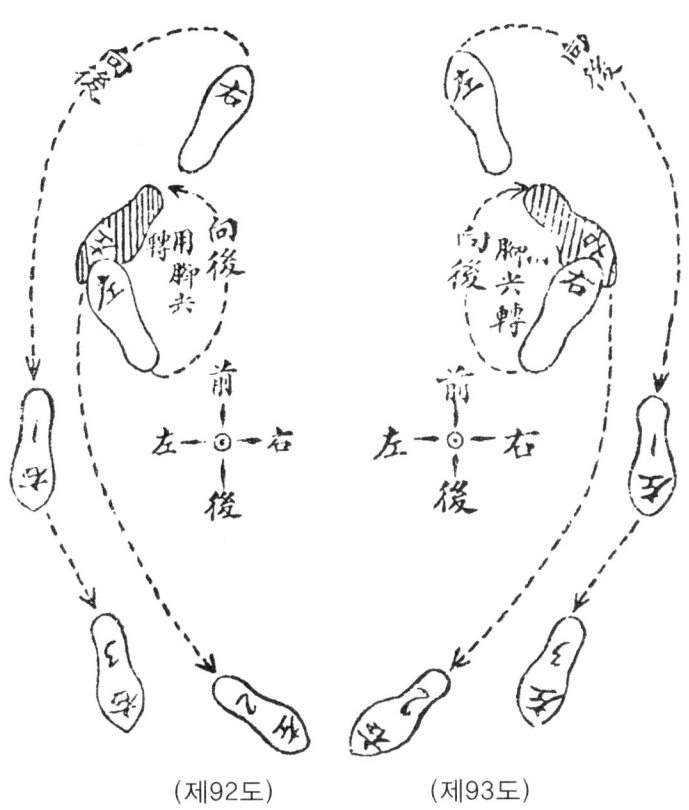

(제92도)　　　(제93도)

(제92도) 횡권보세(橫拳步勢) 3
　　　　발끝을 사용하여 회전한다

(제93도) 횡권보세(橫拳步勢) 4
　　　　발끝을 사용하여 회전한다

3. 횡권(橫拳)의 동작

(1) 우횡식(右橫式)

(제94도)는 즉 예비자세의 (제9도)이다.

1. (제94도)의 점선표시에 따라서, 왼손이 주먹을 움켜쥐며 뒤쪽으로 비틀어 돌리고, 장심(掌心)이 안으로 향하게 한다. 동시에 오른손 역시 주먹을 움켜쥐며 원래 위치에서 억눌러서, 좌찬식(左攢式)과 같다. (제95도)의 자세가 된다.

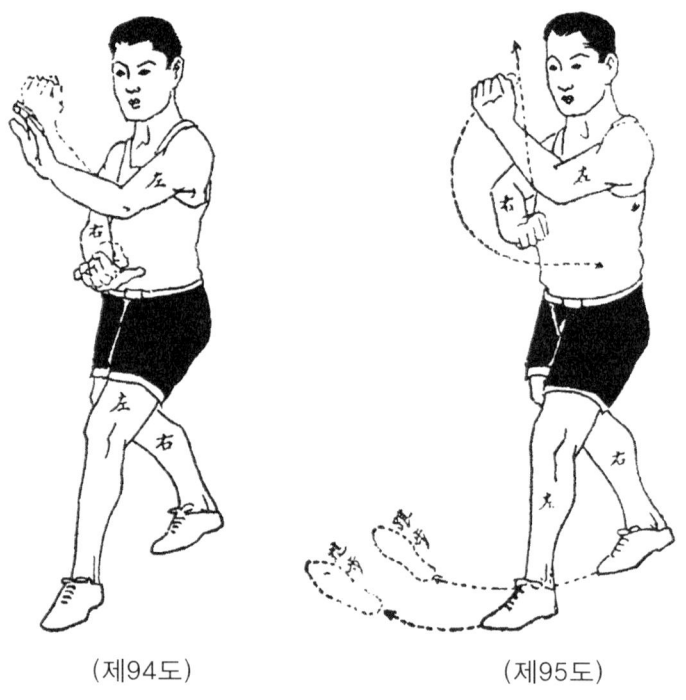

(제94도)　　　　　　(제95도)

2. (제95도)의 점선표시에 따라서, 좌권(左拳)을 우(右)로 비틀어 돌리며, 앞쪽 방향으로부터 안으로 향하고 아래로 향하여 거두어들여서, 아래팔뚝을 배꼽 앞에 가로 놓는다.(장심이 아래로 향한다) 우권(右拳)을

밖으로(즉 右로) 비틀어 돌리며, 장심(掌心)이 위로 향하게 하고, 가슴 앞을 지나 앞쪽 위 방향으로 향하여 비스듬히 나간다.30) 동작 시에 양 손은 반드시 동시에 동작을 진행해야 하며, 더욱이 우권(右拳)을 왼팔의 앞에서 앞쪽 위 방향으로 향하여 내밀어 나가게 하여서, 우찬식(右攢式)이 왼팔의 안으로부터 위 앞쪽 방향으로 향하여 내밀어나가는 것과는 다르다. 동시에 왼발은 약간 좌(左)로 향하여 호선형

(제96도)

(弧線形)을 이루며 1보를 전진하고{진보(進步)}, 오른발은 뒤쫓아 1보를 나아가서{근보(跟步) : 오른다리 무릎이 왼다리 무릎의 굽혀진 곳에 바짝 접근한다}31), 우횡식(右橫式)이 된다. (제 96도)와 같다.

---

30) 역자註 : 양 팔은 비틀어 돌리면서 파고들고 뒤집으며 경(勁)이 완정하게 일체를 이루어 조금도 해이(解弛)되지 않아야 하고, 양 손은 마치 밧줄을 꼬는 것과 같아야 한다. 앞쪽 주먹은 안으로 돌리며 뒤집어 휘감아 싸매어 억류하여 누르며 끌어당겨 오고, 뒤쪽 주먹은 밖으로 돌리며 비틀어 파고들어 뒤집으며 나간다. 앞쪽 손은 어깨로써 팔꿈치를 이끌고, 팔꿈치로써 심(心)을 가리며 옆구리에 붙여서 뒤로 끌어당기고, 뒤쪽 손이 타격하여 나갈 때 팔꿈치를 명치로 죄어서 가슴을 함축하며 어깨를 합하고, 팔꿈치가 어깨를 따라서 재촉하며, 양 팔꿈치의 운용에 주의한다.

31) 역자註 : 양 무릎이 안으로 향하여 '다잡아 압류하며(扣)', 무릎을 싸매

(2) 좌횡식(左橫式)

좌횡식(左橫式)은 우횡식(右橫式)으로부터 진행하는 것이며, 자세는 우횡식(右橫式)과 똑 같으나, 다만 손발의 동작이 좌우가 서로 바뀐다.

1. (제97도)는 즉 (제96도)의 우횡식(右橫式)이다. 그림 중의 점선표시에 따라서, 왼발을 우(右) 앞쪽 방향으로 향하여 하나의 짧은 호선형(弧線形)을 이루며 1보를 나아가고, 이것을 점보(墊步)라고 부른다.{일명 전보(轉步)라고 부른다} (제98도)와 같다.

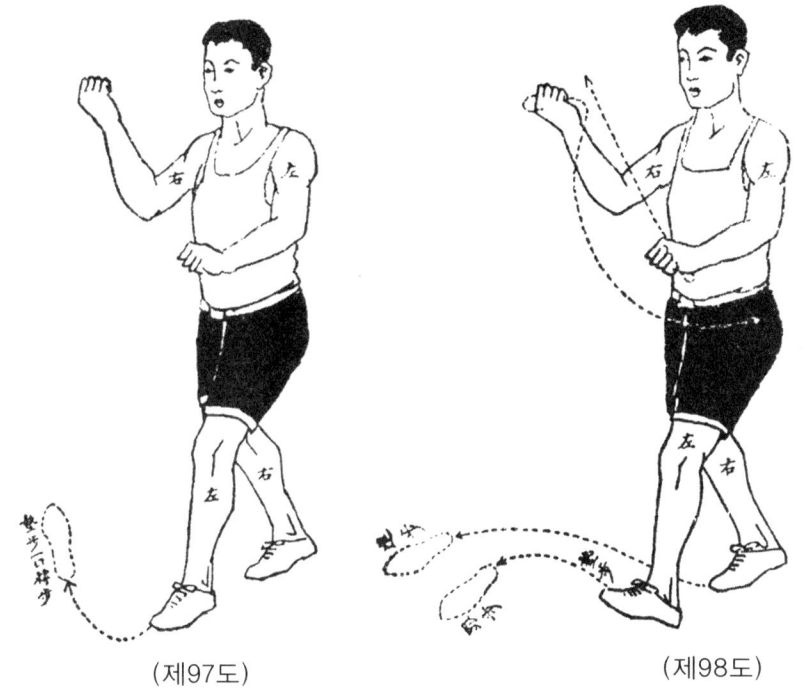

(제97도)　　　　　　　　(제98도)

2. (제98도)의 점선표시에 따라서, 우권(右拳)을 좌(左)로 비틀어 돌리

는 듯이 합하고, 양 다리가 합하여 다잡아 고정시키는 힘을 대퇴부에 갖추어 있어야 한다.

며, 앞쪽 방향으로부터 안으로 향하고 아래로 향하여 거두어들여서, 아래팔뚝을 배꼽 앞에 가로 놓는다.(장심이 아래로 향한다) 좌권(左拳)을 밖으로 비틀어 돌려서, 장심(掌心)이 위로 향하게 하며, 가슴 앞을 지나 앞쪽 위 방향으로 향하여 비스듬히 나간다. 동작 시에 양 손은 반드시 동시에 동작을 진행해야 하며, 더욱이 좌권(左拳)을 오른팔의 앞에서 앞쪽 위 방향으로 향하여 내밀어 나가게 하여서, 좌찬식(左攢式)이 오른팔의 안으로부터 위 앞쪽 방향으로 향하여 내밀어나가는 것과는 다르다. 동시에 오른발은 약간 우(右)로 향하여 호선형(弧線形)을 이루며 1보를 전진하고{진보(進步)}, 왼발은 뒤쫓아 1보를 나아가서{근보(跟步) : 왼다리 무릎이 오른다리 무릎의 굽혀진 곳에 바짝 접근한다}, 좌횡식(左橫式)이 된다. (제99도)와 같다.

(제99도)

3. (제100도)는 즉 (제99도)의 좌횡식(左橫式)이다. 그림 중의 점선표시에 따라서, 오른발을 좌(左) 앞쪽 방향으로 향하여 하나의 짧은 호선형(弧線形)을 이루며 1보를 나아가고, 이것을 점보(墊步)라고 부른다. {일명 전보(轉步)라고 부른다} (제101도)와 같다.

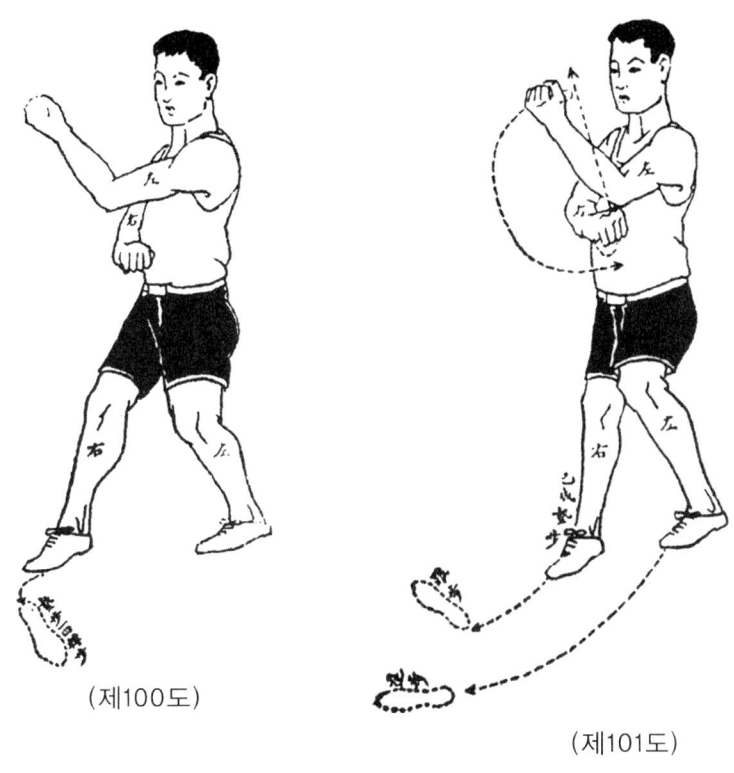

(제100도)

(제101도)

(제101도) 이미 점보(墊步)를 하였다.

4. (제101도)의 양 손에 표시된 점선은, (제95도)의 동작과 같으며, 그러므로 양 손이 동작하는 바로 그 때에, 동시에 왼발이 앞쪽 약간 좌(左)로 향하여 하나의 긴 호선형(弧線形)을 이루며 1보를 나아가고{진보(進步)}, 오른발은 뒤쫓아 1보를 나아가서{근보(跟步)}, 다시 우횡식(右橫式)이 된다. (제102도)와 같다.

(제102도)

(3) 좌우(左右)가 번갈아 나아간다

예비자세로부터 우횡식(右橫式)까지 연습하고, 우횡식(右橫式)부터 좌횡식(左橫式)으로 번갈아 교체하여 전진하며, 연습장소의 한쪽 끝에 이르러 더 나아갈 수 없을 때 뒤쪽으로 향하여 회전하여서, 계속 연습하여 상당한 시간이 되면 멈춘다.

(4) 뒤쪽으로 향하여 회전한다

횡권(橫拳)의 뒤쪽으로 향한 회전은, 역시 좌(左)회전과 우(右)회전으로 나눈다. 예컨대 좌횡식(左橫式)에서 뒤쪽으로 향하려면, 반드시 좌(左) 뒤쪽으로 향하여 회전하고, 우횡식(右橫式)에서 뒤쪽으로 향하려면, 반드시 우(右) 뒤쪽으로 향하여 회전한다.

1) 좌(左) 뒤쪽으로 향한 회전

(제103도)는 즉 (제99도)의 좌횡식(左橫式)이다. 그림 중의 점선표시에 따라서, 왼발은 발끝을 사용하여 힘을 들여서, 좌(左) 뒤쪽으로 회전하고, 오른발은 공중에 들어올리며, 또한 좌(左)측을 지나 지면을 스치며 뒤쪽으로 향해 좇아가서 지면에 내리고, 원래의 발 형태와 마침 반대되는 방향이 되며, 몸은 이미 뒤쪽으로 향하여 회전하였다. (제104도)와 같다.{앞의 (제92도)를 참조한다}

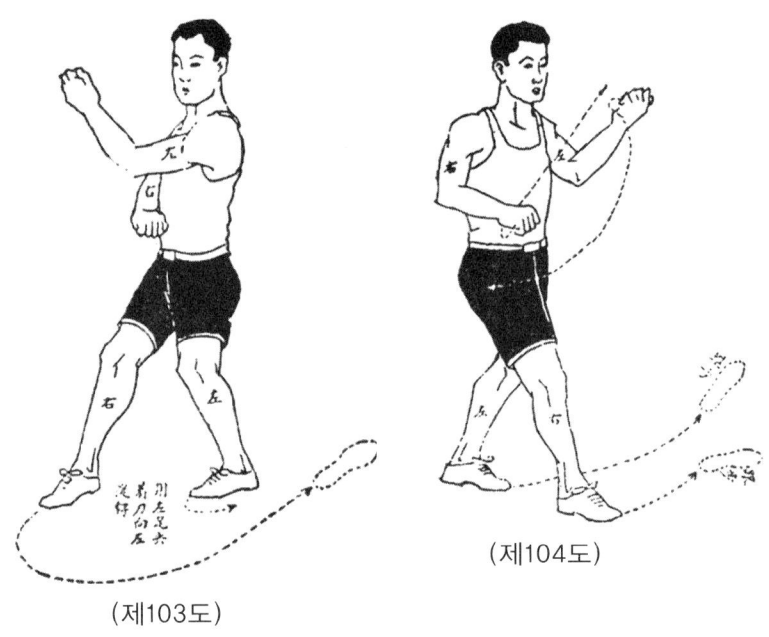

(제103도) (제104도)

(**제103도**) 왼발 발끝을 사용하여 힘을 들여 좌(左) 뒤로 회전한다

(제104도)의 양 손에 표시된 점선의 동작은, (제101도) (제95도)와 같다. 그러나 왼발은 반드시 좌(左) 앞쪽 방향으로 향하여 호선형(弧線形)을 이루며 1보를 나아가고{진보(進步) : (제101도)의 좌(左) 앞쪽 방향으로 향하여 보(步)가 나아가는 것과는 다르다}, 오른발은 뒤좇아 1보를

나아가서{근보(跟步)}, 다시 우횡식(右橫式)이 된다. (제105도)와 같다.

(제105도)

2) 우(右) 뒤쪽으로 향한 회전

(제106도)는 즉 (제96도)의 우횡식(右橫式)이다. 그림 중의 점선표시에 따라서, 오른발은 발끝을 사용하여 힘을 들여서, 우(右) 뒤쪽으로 회전하고, 왼발은 공중에 들어올리며, 또한 우(右)측을 지나 지면을 스치며 뒤쪽으로 향해 좇아가서 지면에 내리고, 원래의 발 형태와 마침 반대되는 방향이 되며, 몸은 이미 뒤쪽으로 향하여 회전하였다. (제107도)와 같다.{앞의 (제92도)를 참조한다}

(제107도)의 양 손에 표시된 점선의 동작은, (제98도)와 같다. 그러나 오른발은 반드시 우(右) 앞쪽 방향으로 향하여 호선형(弧線形)을 이루

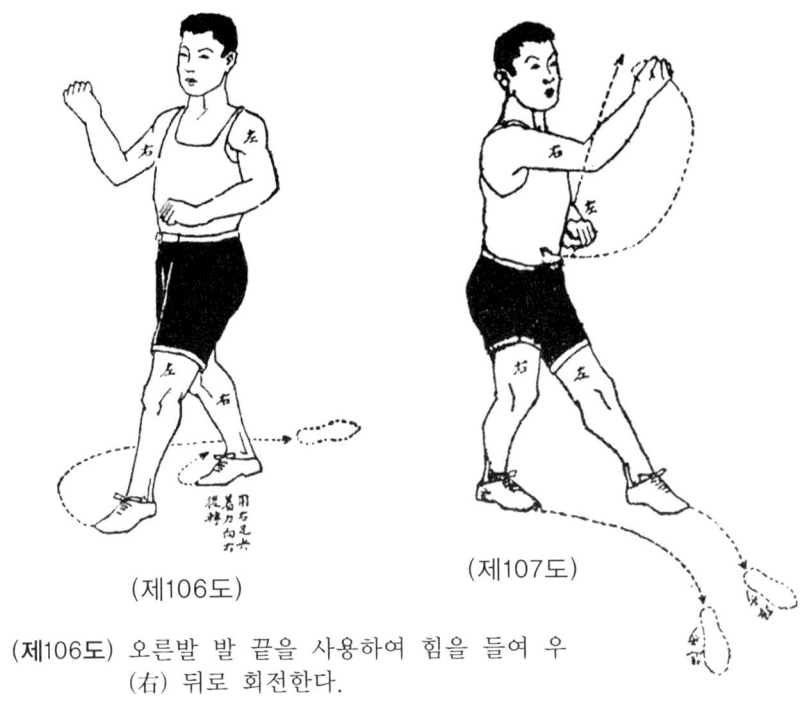

(제106도) (제107도)

(제106도) 오른발 발 끝을 사용하여 힘을 들여 우(右) 뒤로 회전한다.

며 1보를 나아가고{진보(進步) : (제98도)의 우(右) 앞쪽 방향으로 향하여 보(步)가 나아가는 것과는 다르다}, 왼발은 뒤쫓아 1보를 나아가서, 다시 좌횡식(左橫式)이 된다. (제108도)와 같다.

(제108도)

(5) 연습을 멈출 때의 주의사항

벽권(劈拳)과 같다.

(6) 자세의 교정

좌횡식(左橫式)은 몸을 좌(左)로 비틀어 돌려야 하고, 우횡식(右橫式)은 몸을 우(右)로 비틀어 돌려야 하며, 머리·허리·주먹·발은 서로 연결되어 얽혀야 하고, 마치 밧줄을 비틀어 꼬는 것과 같다.

횡권(橫拳)의 동작을 완성한 때의 보세(步勢)는, 뒤쪽 발의 무릎이 반드시 앞쪽 발의 무릎 뒤편 굽은 곳에 약간 접근해야만 자세가 비로소 안정될 수 있다.

횡권(橫拳)의 동작은 찬권(攢拳)과 대략 같으나, 다만 찬권(攢拳)의 위로 파고드는 주먹은 다른 팔의 안쪽으로 파고들어 나가고, 횡권(橫拳)은 반드시 다른 팔의 바깥쪽으로 파고들어 나간다.

횡권(橫拳)의 '힘을 쓰는(用勁)' 방법은 자연스러움을 중히 여기며, 풀솜을 찢는 것과 같이 반드시 슬며시 힘을 들이고, 너무 지나치게 힘을 써서 자취가 드러나서는 안 된다.

4. 횡권가결(橫拳歌訣)

앞쪽 손은 양권(陽拳)이며 뒤쪽 손은 음권(陰拳)이고, 뒤쪽 손은 오직 팔꿈치 아래에 감춘다.
前手陽拳後手陰　後手只在肘下藏

권식(拳式)을 바꾸어 손이 나가며 발을 들어올리고, 신법에 맞게 서니 기(氣)가 통한다.

換式出手脚提起　身法一站氣能通

혀끝을 위로 말아 올리니 기(氣)가 밖으로 발산하고, 횡권(橫拳)이 권식을 바꾸니 넓적다리는 가위처럼 맞물린다.
舌尖上捲氣外發　橫拳換式剪子股

몸을 비스듬히 하여 보(步)를 재촉하며 손발이 동작하고, 뒤쪽 손은 뒤집어 양권(陽拳)이 되며 밖으로 밀어제친다.
斜身要步脚手落　後手翻陽望外撥

보(步)를 내리고 권(拳)을 올리며 삼첨(三尖)이 마주하고, 코끝 발끝은 단단히 서로 합한다.
落步陽拳三尖對　鼻尖脚尖緊相連

횡권(橫拳)의 타법은 뒤쪽 주먹이 음권(陰拳)이고, 앞쪽 손은 양권(陽拳)이며 팔꿈치는 심장을 보호한다.
橫拳打法後拳陰　前手陽拳肘護心

양 손은 교대로 활을 쏘며 밖으로 밀어제치고, 손발이 함께 동작을 완성하며 혀끝을 말아 올린다.
左右開弓望外撥　脚手齊落舌尖捲[32]

---

32) 역자註 : "형의권의 기본은 5행권이며, 5행권의 기본은 횡권(橫拳)이고, 횡권(橫拳)은 토(土)에 속하며, 만물은 토(土)에 귀속하고, 토(土)는 만물을 품어 양육하며, 벽(劈) 붕(崩) 찬(鑽) 포(炮)가 생겨나는데, 그러므로 횡권(橫拳)은 형(形)이 없으며, 횡권(橫拳)의 경(勁)은 형의권의 가장 독특한 것이다. 설전(薛顚)이 《상형술(象形術)》에서 말하기를,

권술수련은 '무거움(重)'을 수련하는 것도 아닐 뿐만 아니라, 또한 '가벼움(輕)'을 수련하는 것도 아니며, 능히 가볍고 또 능히 무거운 것을 수련하는 것이다. 예컨대 상형술(象形術)의 비법(飛法)은 날렵하여 민첩하며, 쑤셔 찌르자마자 곧 물러나고, 요법(搖法)은 침착하여 중후하며, 몸에 가까이 붙어 상대방을 내동댕이치는데, 그러나 비법(飛法)이 쑤셔 찌르기만 하면, 부딪치자 곧 심한 타격을 주며, 요법(搖法) 중으로부터 매우 빠른 주먹을 공격해나갈 수 있다. 억지로 무리하게 말하자면, 횡권(橫拳)은 바로 이러한 '기능(能)'이다. 횡권(橫拳)은 형(形)이 없는 것이며, 형(形)이 있는 횡권(橫拳)이 바로 사형(蛇形)인데……" 《흘러간 무림》 P.368

형의권총결(形意拳總訣)

3정(三頂)

머리는 위로 '받쳐 올려서(頂)' 집을 받쳐 지탱하는 것과 같고, 혀끝은 위로 받쳐 올려서 위턱에 떠받치며, 손바닥은 밖으로 '밀어 지탱하니(頂)' 받쳐 드는 것과 같다. 3정(三頂)을 분명히 이해하면 힘이 나무를 뽑는다.

3구(三扣)

얼굴은 아래로 '끌어 당겨(扣)' 눈이 앞을 바라보고, 어깨는 손을 '결탁하여 맞물리며(扣)' 자연스러움을 중히 여기고, 등허리는 발을 '결탁하여 다잡으며(扣)' 반드시 서로 연결한다. 3구(三扣)를 분명히 이해하면 정신(精神 : 활력 기력)이 증가한다.

3원(三圓)

등어깨는 둥글어 반원(半圓)같아야 하고, 가슴이 '둥글면(圓)' 기(氣)가 저절로 넉넉하며, 호구(虎口)는 둥글어 달이 이지러진 것과 같아야 한다. 3원(三圓)을 분명히 이해하면 교묘함이 저절로 나타난다.

3포(三抱)

단전(丹田)은 기(氣)를 '품어(抱)' 뿌리가 되어야 하고, 마음속에 몸을 품어 주인이 되어야 하며, 팔은 사방을 품어 안고 잠시 멈춘다. 3포(三抱)를 분명히 이해하면 몸을 지킬 수 있다.

3수(三垂)

기(氣)를 단전(丹田)으로 '드리우면(垂)' 병이 생기지 않고, 어깨를 아래로 '내려뜨리는(垂)' 것은 깊은 뜻이 있으며, 팔꿈치를 아래로 내려뜨리고 어깨는 뿌리로 삼는다. 3수(三垂)를 분명히 이해하면 신체가 '민첩해진다(靈)'.

3월아(三月牙)

팔은 활을 닮아 '초승달(月牙)' 같아야 하며, 손목은 밖으로 받쳐 지탱하여 초승달 같아야 하고, 다리는 무릎을 굽혀 초승달 같아야 한다. 월아(月牙)를 분명히 이해하면 자세가 틀리지 않는다.

3정(三挺)

목을 위로 '곧게 펴서(挺)' 곧추세워 기울지 않고, 몸은 곧게 펴서 사방을 분간하며, 다리는 무릎이 아래로 '지탱하여(挺)' 나무뿌리와 같다. 3정(三挺)을 분명히 이해하면 공부(功夫)가 깊어진다.[33]

---

33) 역자註 : "형의권의 5행(五行) 동작 한 가지는, 무엇이든 모두 수련해낸다. 장법(椿法)과 내공(內功)이 이 안에서 생겨나고, 타법(打法)과 연법(演法)이 이 안에서 생겨난다. ……5행권(五行拳)은 권술의 근본이며, 한평생 떨어질 수 없고, 수련하기만 하면 곧 유익하다. 5행권(五行拳)의 작은 동작 모두를 배우면, 비로소 형의권의 공부(功夫)를 생산할 수 있다."《흘러간 무림》 P.365

  상운상(尙雲祥)이 전수한 형의권은, 외형(外形) 즉 자세를 정확하게 수련해야 할뿐만 아니라, 내의(內意)를 품어 있어야 하며, 일거수일투족 움직임 모두 반드시 그 이유가 있어야 하고, 초식 수법을 추구하지 않으며, 단지 내경(內勁)을 중요시하였다. 무리한 기운으로 서투른 힘을 쓰는 것을 엄격히 금지하였고, 가뿐하고 느슨하며 자연스럽게 조화된 중에 재빠르고 맹렬하며 단단하여 충실한 폭발적인 경(勁)을 추구하였다. 이러한 내경(內勁)은 단전(丹田)으로부터 생겨나서, 온몸으로 운행한다.

　권술수련은 정신집중이 가장 중요하며, 권식마다 마음에 새기고, 동작이나 자세 하나마다 그 이유를 탐구한다.

　형의권 무공을 높이 성취하였던 사람들 모두 항상 5행권을 수련하였으며, 형의권의 무공은 5행권에서 생겨나온다.

역자후기

형의권의 동작과 자세는 간단하여 남녀노소 모두 배우기 아주 쉬우며, 공력을 양성함은 확실하고 또한 빠르다. "태극권은 10년은 해야 되고, 형의권은 1년 하면 사람을 때려죽인다(太極十年不出門, 形意一年打死人)"라는 무림속담이 그럴 듯한데, 형의권을 배우는 초기에 진보가 빠른 점은 실로 다른 권술이 미치지 못한다. 물론 수련방법이 정확하지 않으면 일생을 수련해도 큰 성과를 얻지 못할 수도 있고, 간단한 동작이지만 진정으로 정통하기는 어렵다.

상운상(尙雲祥)의 무공은 정교하고 빠르며 폭발력의 강맹(剛猛)함으로 유명하였고, 그는 권술을 깊이 체득하여서, 동작의 전후 경위를 분명하게 정리하였다고 전한다. 그의 제자 근운정(靳雲亭)이 전수한 이 형의오행권도설(形意五行拳圖說)은, 1928년에 출판되었는데, 동작설명의 체계가 현대의 발달된 교수방법을 능가하고, 그 내용은 자세하며 전면적인지라. 스승으로부터 직접 전수받는 것과 다를 바가 없다.

상운상(尙雲祥)이 말하기를 "5행권을 잘 배우면 일생동안 써먹기에 족하다"라고 하였는데, 간단한 다섯 가지 동작과 자세 속에 궁극(窮極)의 무공이 있다. 형의권은 모든 권식 자체가 지극히 교묘하게 설계된 내공(內功)이며, 그러므로 형의권은 하기만 하면 반드시 이롭고, 5행권은 형의권의 근본이다.

산서성(山西省) 태원(太原)시에서 밤늦게 역자가 거리를 걷다가 형의오행권을 수련하는 한 청년과 마주쳤다. 중국 도시의 공원등지에서 태극권을 수련하는 사람들은 흔히 볼 수 있으나, 형의권을 수련하는 사람은 드문지라 역자는 내심 반가웠다. 과연 산서성은 형의권의 발원지로서 아직도 전통이 살아있었다.

그의 무공은 수련을 상당히 오래 한 듯한 숙련된 솜씨였고, 역자는 멀찍이서 그의 일거수일투족을 흥미롭게 관찰하였다. 그곳은 도심지의 차도에 접한 그리 넓지 않은 장소라서, 공기는 매우 혼탁하였고, 주위에는 행인도 더러 있어 어수선하였으나, 그는 동작에 정신을 집중하였다.

하필 야심한 때에 숨쉬기조차 불편한 도심의 길가에서 수련을 하는가? 근처의 공원에라도 갈 여유가 없는가? 젊은이는 아침부터 밥벌이 나서기 바빠서, 공원의 "아침수련(晨練)"에는 늙은이만 한다더니 그래서인가?

수련을 마치고 떠나는 그의 발걸음은 활기(活氣)가 가득하였다.

2010년 봄 김태덕 올림

형의오행권도설

2010년 11월 25일 인쇄
2010년 11월 30일 발행

저자 능계청
번역 김태덕

발행처 | 두무곡 출판사

주소 | 서울시 종로구 청운동 53-5
전화 | 02-723-3327
FAX | 02-723-6220
등록번호 | 제 1-3158호

인쇄처 | 도서출판서예문인화

주소 | 서울시 종로구 내자동 167-2
전화 | (02)732-7096~7
홈페이지 | www.makebook.net
값 10,000원

ISBN 978-89-956935-5-1 13690

잘못 만들어진 책은 바꾸어 드립니다.
본 책의 그림 및 내용을 무단으로 복사 또는
복제할 경우에는 저작권법의 제재를 받습니다.